Christiane Lütge

Mit Filmen Englisch unterrichten

Die Autorin

PROF. DR. CHRISTIANE LÜTGE ist Professorin für Englische Fachdidaktik an der Westfälischen Wilhelms-Universität Münster. Zuvor war sie mehrere Jahre als Studienrätin an Gymnasien in Niedersachsen tätig. Ihre aktuellen Schwerpunkte sind: Literatur- und Filmdidaktik, Interkulturelles Lernen, Lehrerbildungsforschung, Theorie und Praxis des Englischunterrichts.

Christiane Lütge

Mit Filmen Englisch unterrichten

Projektleitung: Dorothee Weylandt, Berlin
Redaktion: Daniela Brunner, Düsseldorf
Umschlaggestaltung: Magdalene Krumbeck, Wuppertal
Umschlagfoto: © shutterstock.com
Technische Umsetzung: Markus Schmitz, Altenberge

www.cornelsen.de

Nicht in allen Fällen war es uns möglich, die Rechteinhaber ausfindig zu machen.
Berechtigte Ansprüche werden selbstverständlich im Rahmen der üblichen Vereinbarungen
abgegolten. Wir bitten um Verständnis.

Die Links zu externen Webseiten Dritter, die in diesem Titel angegeben sind, wurden vor Drucklegung
sorgfältig auf ihre Aktualität geprüft. Der Verlag übernimmt keine Gewähr für die Aktualität und den
Inhalt dieser Seiten oder solcher, die mit ihnen verlinkt sind.

1. Auflage 2012

© 2012 Cornelsen Verlag, Berlin

Druck: CPI – Clausen & Bosse, Leck

ISBN 978-3-589-23294-9

 Inhalt gedruckt auf säurefreiem Papier aus nachhaltiger Forstwirtschaft.

Inhalt

Einleitung

Das Thema Film ist seit einigen Jahren fester Bestandteil des Englischunterrichts und aus den Curricula nicht mehr wegzudenken. Das Hörsehverstehen als „neue" eigenständige Kompetenz wird im Referenzrahmen und in den KMK-Bildungsstandards für die erste Fremdsprache vielfach thematisiert. Bei Schülerinnen und Schülern sowie bei Lehrkräften erfreuen sich Filme meist großer Beliebtheit.

Filmbilder sind als Teil der Lebenswelt Heranwachsender ohnehin präsent, nicht nur im Kino oder auf DVD. Audiovisuelle Formate begegnen in vielen Kontexten in Schule und Freizeit, auch im Internet, z. B. auf *Youtube*. Mithilfe von Mobiltelefonen und einfach handhabbaren Internetangeboten können mittlerweile eigene Filme gedreht werden.

Als vielfältig einsetzbares Medium zur Unterstützung fremdsprachlicher Lernprozesse spielen Filme mittlerweile in allen Klassenstufen eine wichtige Rolle. Dies zeigt auch ein Blick in die Rahmenrichtlinien der meisten Bundesländer. In der Oberstufe ist die Behandlung von Filmen unter bestimmten thematischen – häufig interkulturellen – Gesichtspunkten sogar vorgeschrieben. Doch auch in der Sekundarstufe I nimmt der Filmeinsatz zu. Die Fülle der Unterrichtsvorschläge und methodischen Anregungen ist beinahe unübersehbar und eröffnet eine Vielzahl ganz unterschiedlicher Annäherungen an die Thematik. Ein Ende dieses „Booms" ist nicht in Sicht.

Gründe für den Filmeinsatz

Doch warum spielen Filme im Englischunterricht eine so wichtige Rolle? Warum eignen sie sich für einen Einsatz im fremdsprachlichen Unterricht? Und wie lässt sich ihr Einsatz für das fremdsprachliche Klassenzimmer begründen? Die Argumente sind vielfältig und berühren verschiedene Bereiche des Englischunterrichts (vgl. BLELL/LÜTGE 2004, NÜNNING/SURKAMP 2006, 246, THALER 2007a und 2007b).

Für den Fremdsprachenunterricht ist natürlich **die Förderung der kommunikativen Kompetenz** in der Zielsprache zentral. Filme können hier in ganz unterschiedlicher Weise eine Rolle spielen.

- Das „Eintauchen" in ein Sprachbad stellt eine Erfahrung dar, die sonst im Fremdsprachenunterricht schwer imitiert werden kann. Sie ermöglicht Lernenden einen komplexen Zugang zu fremdsprachlichen Bilder- und Klangwelten.

- Die Filmrezeption spricht viele Sinne gleichzeitig an und umfasst unterschiedliche Aspekte von Kommunikation. Verbale und nonverbale sowie paralinguistische Aspekte wie Mimik, Gestik Körpersprache, Intonation oder Sprechtempo wirken zusammen und können das fremdsprachliche Verstehen unterstützen.
- Das Hörsehverstehen – als Fertigkeit neben dem traditionellen Hörverstehen – kann durch den Einsatz von Filmen nachhaltig gefördert werden. Nicht nur für das Sprachverstehen, sondern auch für die Ausbildung der Sprechfähigkeit und Sprechlust ist dies wichtig.
- Das Kollektiverlebnis einer gemeinsamen Filmbetrachtung kann Kommunikationsanlässe schaffen, die sprachliche Reaktionen – mündlich oder schriftlich – auslösen und fördern.

Als Argument für den Einsatz von Filmen wird zudem das **Interkulturelle Lernen** als zentrales Ziel des Fremdsprachenunterrichts häufig genannt.

- Als authentische Kulturprodukte ermöglichen Filme den Lernenden Zugänge zur Fremdsprache, die das Hören, Sehen, Verstehen und Handeln ganzheitlich kontextualisieren.
- Filme bieten Einblicke in kulturelle Zusammenhänge, die sehr komprimiert und medial bedingt leicht zugänglich präsentiert werden.
- Die gezielte Auseinandersetzung mit Merkmalen eigener und fremder Kulturen kann das interkulturelle Bewusstsein der Lernenden schärfen. Die Beschäftigung mit den Ausdrucksmitteln des kulturellen Selbstverständnisses einer Gesellschaft spielt eine wichtige Rolle für interkulturelles Lernen. Durch die Visualisierung wird sie nicht nur kognitiv, sondern auch emotional erlebbarer.

Englischsprachige Spielfilme haben sich daher zu Recht in den letzten Jahren einen wichtigen Platz im Englischunterricht erobert. Die Beobachtung, dass Filme häufig als Lückenfüller oder als Bonbon kurz vor den Ferien eingesetzt werden, wird zwar gelegentlich noch beklagt. Doch mittlerweile ist der Einsatz von Filmen aus einem modernen Englischunterricht nicht mehr wegzudenken und wird zunehmend in den verschiedenen Phasen der Lehrerausbildung berücksichtigt. Dabei geht es beim Einsatz audiovisueller Medien längst nicht nur um den Fremdsprachenunterricht. Die mediendidaktische Diskussion berührt eine Reihe von Aspekten, die auch für andere Fächer eine Rolle spielen.

Wichtiger Platz im Englischunterricht

Häufig genannt werden **motivationale Aspekte**, die mit der Attraktivität des Mediums Film in Zusammenhang gebracht werden.

- Da Filme von Lernenden oft auch in deren Freizeit rezipiert werden und populär sind, wird von einer positiven Wirkung dieses Mediums auf den Unterricht ausgegangen. Gerade im Kontrast zum klassischen Lehrwerk und anderen didaktisierten Materialien wirken Filme oft authentischer und unverbrauchter.
- Insbesondere die Schaffung eines lernförderlichen Klimas steht dabei eindeutig im Mittelpunkt. Mit dem Einsatz von Filmen kann so in mancherlei Hinsicht an die Erfahrungen der Lernenden mit dem Medium angeknüpft werden.
- Die Rezeptionsgewohnheiten beim Betrachten „bewegter Bilder" spielen dabei auch eine wichtige Rolle. Die Visualisierung spricht Lernende häufig emotional an und kann die Bereitschaft zu persönlichen Stellungnahmen schaffen. Das Stiften von Gesprächsanlässen hat eine wichtige Funktion für die Entwicklung der kommunikativen Kompetenz, was wiederum für das Fach Englisch zentral ist.
- Thematisch sind viele neuere *feature films* für aktuelle Unterrichtsreihen im Fach Englisch gut geeignet, weil sich die Grenzen zwischen genussvollem „Filmerleben" und anspruchsvoller Filmanalyse zunehmend auflösen.

Filme können zudem als **eigenständige ästhetische Kunstwerke** betrachtet werden, die zum Teil auch fächerübergreifend zum Einsatz kommen. Der Einsatz des audiovisuellen Mediums sollte dabei nicht zu einer einseitigen Instrumentalisierung als rein sprachlichem „Steinbruch" führen. Künstlerisch-ästhetische Aspekte eines Films sind in der Regel nicht von Sprache und Inhalten zu trennen. Unter **mediendidaktischer Perspektive** ist es außerdem sinnvoll, die Konstruiertheit filmischer Darstellung zu verstehen und das manipulative Potenzial bewegter Bilder kritisch einordnen zu können. Filme können auch im Fremdsprachenunterricht dazu genutzt werden, zur Entwicklung von *media literacy* beizutragen.

Nicht nur im Fremdsprachenunterricht, sondern auch im Fach Deutsch spielt zudem die **Literaturverfilmung** eine große Rolle. Häufig genug wird diese im Anschluss an eine Textlektüre und für „Buch-Film"-Vergleiche genutzt. Filme können auch hier noch für weitaus mehr verwendet werden, z. B. die Sensibilisierung für die Unterschiede verschiedener Textsorten und ihre audiovisuellen Umsetzungen.

Wenn es so viele gute Argumente für den Filmeinsatz gibt, mag ein Plädoyer für Filme im Fremdsprachenunterricht eigentlich überflüssig sein. Allerdings scheinen didaktischer Wunsch und unterrichtspraktische Wirklichkeit gelegentlich auseinander zu klaffen. Warum ist das so?

Die Herausforderungen für die Schulpraxis, die mit dem Einsatz von Filmen verbunden sind, dürfen nicht unterschätzt werden. Sehr unterschiedliche unterrichtsorganisatorische und methodische Überlegungen müssen von Lehrkräften individuell berücksichtigt werden. Dabei spielen eine Reihe von Überlegungen eine Rolle:

Unterrichts-organisatorische und methodische Herausforderungen

Die Komplexität des Mediums Film stellt eine große Herausforderung für den Fremdsprachenunterricht dar, denn Bilder in schneller Schnittfolge, musikalische Untermalung, laute Geräusche und temporeiche fremdsprachliche Unterhaltungen in teilweise auch schwierigen Dialekten können das Filmverstehen erschweren. Authentizität ist daher nicht nur als Chance, sondern auch als Herausforderung zu sehen, die Frustrationen erzeugen kann. Bewegte Bilder folgen zudem ihrem eigenen Tempo, sie können nicht wie ein geschriebener Text in individueller Geschwindigkeit rezipiert werden.

Unterrichtsorganisatorisch stellt das Medium Film häufig ein Zeitproblem dar. Ganze Filme können selten am Stück gezeigt werden, müssen über mehrere Unterrichtsstunden verteilt werden und „kosten" wertvolle Unterrichtszeit. Zeigt man dagegen nur Ausschnitte, muss dies methodisch sinnvoll eingebettet und entsprechend vorbereitet werden. Die Auswahl und Beschaffung der Filme ist heute weniger aufwändig als in früheren Jahrzehnten. Dennoch müssen auch diese Aspekte unterrichtsorganisatorisch genauso bedacht werden wie die technische Durchführung und ggf. die Raumplanung.

Die Frage nach der **Schüleraktivierung** stellt sich beim Einsatz von Filmen im Fremdsprachenunterricht immer wieder. Wenn dem Vorwurf der passiven Berieselung entgegengewirkt werden und Arbeit an der fremdsprachlichen Kommunikationskompetenz stattfinden soll, muss dies gezielt gefördert werden, um nicht nur rezeptive, sondern auch produktive Fertigkeiten zu entwickeln. Handlungs- und produktionsorientierte Zugänge zum Film sprechen Lernende auf andere Weise an als filmanalytische Verfahren. Die Aktivierung der Schülerinnen und Schüler gerade auch mit dem Medium Film ist dabei kein Selbstläufer.

Damit im Zusammenhang ist auch die **systematische Kompetenzent-wicklung** zu sehen, die Arbeit an unterschiedlichen kommunikativen Fertigkeiten. Nicht nur das Hörsehverstehen, sondern auch die anderen Fertigkeiten können durch den Einsatz von Filmen entwickelt werden. Es geht also längst nicht nur darum, durch die eher rezeptive Erfahrung im „Sprachbad" Film möglichst viel Begegnung mit der Fremdsprache zu erleben, sondern kommunikative und methodische Kompetenzen gezielt und systematisch aufzubauen und dabei u. a. auch das Interkulturelle Lernen nicht zu vernachlässigen. Dies ist eine doppelte Herausforderung, denn hier müssen nicht nur sehr verschiedene Fertigkeiten und Kompetenzen im Unterricht „jongliert", sondern auch noch langfristig im Sinne einer Progression immer weiterentwickelt werden.

Eine ganze Reihe **didaktisch-methodischer Herausforderunge**n ergeben sich aus der thematischen Einbettung des Films in eine Unterrichtsreihe und die damit verbundenen Ziele. Auch wenn immer wieder betont wird, dass Filme eigenständige Kunstwerke sind, die um ihrer selbst willen einen Platz im Fremdsprachenunterricht einnehmen sollten, so sind sie doch im Verbund mit anderen Texten häufig nur Teil einer thematischen Einheit. Es wäre unrealistisch, das komplette Spektrum didaktischer Möglichkeiten bei jedem Filmeinsatz zu erwarten. Es geht vielmehr darum, das Potenzial des Mediums Film für den Fremdsprachenunterricht so gut zu kennen, dass es für das jeweilige Ziel variiert und zu einem sinnvollen Einsatz gebracht werden kann. Dies ist aber weder durch passives „Filmeschauen" noch durch den mechanisierten Einsatz immer gleicher „Rezepte" zu erreichen.

Film ist kein
Allheilmittel

Als Fazit neuerer Publikationen lässt sich festhalten, dass Filme nicht als bloßes „Anhängsel" im Literaturunterricht oder in ausschließlich medienkritischer Absicht instrumentalisiert werden sollten. Vielmehr spielen medienintegrative und fächerübergreifende Ansätze zunehmend eine Rolle. Filmanalyse und Filmerleben sollen gleichermaßen zu ihrem Recht kommen in einem modernen Fremdsprachenunterricht.

Allerdings: Filme sind kein „Allheilmittel". Sie haben ein großes Potenzial und eröffnen ein Kaleidoskop didaktischer Möglichkeiten. Die beinahe schon inflationäre Vielfalt der Veröffentlichungen in den letzten Jahren mag den Eindruck erwecken, die Arbeit mit Filmen sei nun „leichter" geworden.

Aber Vielfalt kann auch „erschlagen". Und hier liegt möglicherweise das größte Problem, mit dem Lehrkräfte konfrontiert sind. Sie müssen ein angemessenes Gleichgewicht zwischen Spracharbeit und Unterhaltung finden (vgl. THALER 2010b, 126). Sie wissen, dass Filme nicht „zu Tode analysiert" werden dürfen, aber auch nicht kommentarlos als Lückenfüller gezeigt werden sollen. Und sie kennen die zum Teil sehr ins Detail gehenden Unterrichtsvorschläge zu einzelnen Filmen, die in ihrer Ausführlichkeit nicht immer mit der eigenen Unterrichtspraxis und der zur Verfügung stehenden Zeit in Einklang gebracht werden können.

Das didaktisch geschickte Ausbalancieren filmanalytischer und handlungsorientierter Zugänge ist ebenso wichtig wie die Fähigkeit, den Filmeinsatz wirkungsvoll und wohldosiert zu planen sowie das Filmerleben für die Schüler nicht durch zu kleinschrittige Aktivitäten überzustrapazieren. *Balance: Filmanalyse und Filmerleben*

Englisch unterrichten mit Filmen setzt voraus, dass grundlegende Konzepte und Verfahren bekannt sind, die dann jeweils für spezielle Filme und Klassen variiert werden können. Letztlich sind methodische Entscheidungen zwar nicht vom Inhalt – hier vom jeweiligen Film – trennbar. Der vorliegende Band versteht sich daher nicht als filmdidaktische Rezeptologie, die Zutaten liefert und bereits „vorkocht", was für spätere Unterrichtszwecke lediglich aufgewärmt werden kann. Er möchte stattdessen eher einen Wegweiser zum didaktischen Markt der Möglichkeiten eröffnen, vorhandene Ansätze systematisieren und typologisierend zusammenbringen, was für filmdidaktische Zwecke unverzichtbar erscheint.

Die drei Teile dieses Bandes sind so konzipiert, dass sie je nach Vorkenntnissen auch separat mit Gewinn gelesen werden können. Der erste Teil hat einen einführenden Überblickscharakter und wird Konzepte, Kompetenzen und Ziele vorstellen, die grundsätzlich mit dem Thema Film im Englischunterricht in Verbindung stehen. Der zweite Teil wird unterschiedliche methodische Verfahren behandeln, die eine Fülle von Anregungen für den Einsatz mit ganz unterschiedlichen Filmen bieten. Der dritte Teil wird die Kompetenzentwicklung einer filmdidaktischen Progression vorstellen, d. h. konkrete Vorschläge nach verschiedenen Altersstufen getrennt behandeln. Dies ist für viele Lehrkräfte ein dringendes Anliegen, denn der Einsatz von Filmen in unterschiedlichen Klassenstufen stellt jeweils andere methodische Anforderungen. Die Arbeit mit Filmen im Englischunterricht kann und sollte nicht erst in der Oberstufe beginnen. Eine gezielte Entwicklung der *film literacy* muss bereits von Anfang an erfolgen, um ein langfristig erfolgreiches – und genussvolles – Eintauchen in Filmwelten im Englischunterricht zu ermöglichen.

„Film literacy" fördern: Konzepte und Ziele

A film is never really good
unless the camera is an eye in the head of a poet.

(ORSON WELLES)

In der fachdidaktischen Literatur wird das Thema Film im Fremdsprachen-unterricht in letzter Zeit intensiv diskutiert. Hier geht es um den Erwerb von Hör- und Sehverstehenskompetenzen, die meist unter dem Terminus *film literacy* subsumiert werden. Gelegentlich ist auch von Filmkompetenz, manchmal vom Filmverstehen die Rede. In diesem Kapitel soll vorgestellt werden, worum es dabei geht und was mit diesen Begriffen gemeint ist. Dazu wird auch ein Blick in Referenzrahmen, Bildungsstandards und curriculare Vorgaben nötig.

Ein anderer Themenbereich betrifft die Frage, welche Ziele mit dem Einsatz von Filmen eigentlich im Englischunterricht verfolgt werden sollen. Eher kognitiv analytische Zugänge, die mit dem Begriff Filmanalyse beschrieben werden, stehen stärker handlungsorientierten Ansätzen des aktiven Filmerlebens gegenüber. Was dies für das Unterrichten mit Filmen bedeutet, welche „Audiovisionen" hier entwickelt werden könnten, dies soll im zweiten Unterkapitel thematisiert werden.

Das Unterrichten mit Filmen macht viele Einzelentscheidungen nötig und erfordert gleichzeitig eine komplexe Abwägung von Inhalten, Konzepten, Zielen und Methoden. Aspekte der Unterrichtsplanung, die bei jedem Filmeinsatz – unabhängig von der konkreten Filmauswahl – berücksichtigt werden müssen, rücken anschließend in den Fokus.

1.1 Hörsehverstehen und *film literacy*: Kompetenzen für den Englischunterricht

Am Anfang steht die Begriffsvielfalt: Filmkompetenz, Filmlesekompetenz, Filmverstehen, Filmbildung, Filmanalyse und Filmerleben, Hörsehverstehens-Kompetenzen oder gleich *film literacy*? Was ist eigentlich jeweils damit gemeint? Ist Filmkompetenz identisch mit der Kompetenz des Hörsehverstehens? Welche anderen Aspekte spielen hier noch eine Rolle? Ist Filmverstehen aber nicht doch mehr als bloßes Hörsehverstehen? Und muss das eigentliche Ziel des Unterrichtens mit Filmen – nicht nur im Englischunterricht – nicht eine umfassende Filmbildung sein?

In der „Filmkompetenzerklärung" des Berliner Kongresses „Kino macht Schule" von 2003 wird die Schulung filmisch gebildeter, autonomer und kritischer Seher klar als primäres Ziel der gesamten schulischen Filmbildung formuliert:

> *„Film ist in unserer von Medien dominierten Welt ständig präsent. Gerade für Kinder und Jugendliche ist ein bewusster Umgang mit Film unverzichtbar. Deshalb ist es wichtig, Filmerziehung in deutsche Lehrpläne zu integrieren. Filmkompetenz ist unerlässlich [...]. Film muss in jedem Unterrichtskontext seinen Platz finden – über den Fach begleitenden bzw. den Unterricht ergänzenden Einsatz hinaus."*
>
> (BUNDESZENTRALE FÜR POLITISCHE BILDUNG 2003, 2)

Filmkompetenz in diesem Sinne kann nicht nur von einem Unterrichtsfach aus konzipiert und muss in die Lehreraus- und -weiterbildung integriert werden. Eine umfassende Konzeption von Filmkompetenz, die mediendidaktische Aspekte fokussiert und einen kritischen Umgang mit Filmen anbahnt, spielt eine wichtige Rolle und kann auch für den Englischunterricht eine Reihe von Impulsen geben.

Allerdings muss die Spezifik des Fremdsprachenlernens dabei deutlich im Blick behalten werden, um für die konkrete Unterrichtssituation die adäquaten Verfahren zu wählen und den Aufbau einer fremdsprachlichen Filmkompetenz fördern zu können. Was macht Filme nun so besonders?

Als audiovisuelle Texte weisen Filme durch ihre plurimediale Darstellungsform, d. h. die Verknüpfung sprachlicher, außersprachlich-akustischer und optischer Codes, ein spezifisches Wirkungs- und Funktionspotenzial auf, das den Englischunterricht in vielfältiger Weise bereichern kann (vgl. dazu einführende Überblicksdarstellungen bei BLELL/LÜTGE 2004 und 2008, NÜNNING/SURKAMP 2006, THALER 2007a und 2007b). *Besonderheiten des Mediums Film*

Der Prozess ist äußerst vielschichtig, denn die Lerner empfangen simultan oder sukzessive auditiven und visuellen Input. Die mehrkanalige Informationsaufnahme und multisensorische Speicherung kann effektives Lernen mit Filmen im Englischunterricht unterstützen. FRANK HAß (2006, 81) nennt in diesem Zusammenhang die folgenden Vorteile:

- Explizite und implizite landeskundliche Informationen werden in motivierender Form vermittelt.

- Mimik, Gestik und Körpersprache helfen beim Verstehen und Imitieren der Fremdsprache.
- Selbst anspruchsvollere literarische Texte können verstanden werden, zumal sich der Inhalt leichter über das Bild erschließen lässt. Durch das erfolgreiche Sehverstehen können die Schüler sodann zum Lesen des Originaltexts angeregt werden.
- Authentische Sprache wird in authentischen Situationen dargeboten. Die Schüler können sich die Sprachmelodie leichter merken. Dies ist mit der enorm hohen Leistung des episodischen Gedächtnisses zu erklären. Die Merkfähigkeit ist höher, wenn Wort und Bild zusammenwirken.
- Der unreflektierte TV- und Filmkonsum der Schüler wird zugunsten einer allgemeinen *film literacy* abgebaut.

Im Idealfall also bringt das Eintauchen in audiovisuelle Welten viel Positives. Aber: Die hohe Reizdichte von akustischen und visuellen Wahrnehmungsimpulsen stellt auch hohe Anforderungen an die Verarbeitungsleistungen der Adressaten, die sich im fremdsprachlichen Unterricht nochmals verstärken (vgl. KÜSTER 2003). In der Filmtheorie hat der Begriff „Filmsprache" eine lange Tradition. Die Zeichenhaftigkeit kinematographischer Wirklichkeitsrepräsentationen (vgl. BARG 2006, MONACO 2000) hat auch Eingang in didaktische Publikationen gefunden. Dies lässt sich an der Forderung erkennen, fremdsprachige Filme „lesen" zu können. HILDEBRAND (2006) spricht in diesem Kontext von der sogenannten „Filmlesekompetenz". Nicht immer ist ganz deutlich, worum es beim „Filmlesen" exakt gehen soll. Klar ist aber: eine audiovisuelle Alphabetisierung passiert nicht von alleine, schon gar nicht im Englischunterricht.

Der Film wird nach wie vor primär als visuelles Medium aufgefasst. Tatsächlich spielt aber die akustische Dimension eine große Rolle, sodass die Kompetenz des Hörsehverstehens zentral ist, insbesondere in der Fremdsprache (vgl. SCHWERDTFEGER 1989). Das Hörsehverstehen ist aber keine Untervariante des Hörverstehens, sondern eine eigenständige kommunikative Kompetenz, die gezielt gefördert werden muss (THALER 2007b, 13).

Komplexität des Mediums Angesichts der Vielzahl der beteiligten Parameter wird schnell deutlich, wie komplex diese Aufgabe ist. Die Mehrschichtigkeit der Informationsvergabe durch Ton *(sound)* und Bild *(image)* ist groß (vgl. CHATMAN 1990, NÜNNING/SURKAMP 2006), wird aber durch ihr Zusammenspiel noch komplexer. Die Wahrnehmung, Speicherung und Verarbeitung von Bild und Ton bezieht sich auf verschiedene Bereiche. Bei der audiovisuellen Rezeption erhalten Lerner meist simultan, aber auch sukzessiv auditiven und visuellen Input, der sich manchmal ergänzt, aber auch gegenseitig erschweren kann.

Kongruenzen von Bild und Ton erleichtern das Hörsehverstehen, Diskrepanzen erschweren es.

Das Hörsehverstehen ist daher nicht leichter oder schwieriger als andere Kompetenzen. Aber angesichts audiovisueller Omnipräsenz und Multifunktionalität ist die „Kombi-Kompetenz" Hörsehverstehen wichtig und von hoher kommunikativer Relevanz. Dies spiegelt sich auch in curricularen Dokumenten wider, z. B. dem Gemeinsamen Europäischen Referenzrahmen/GER (vgl. Abb. 1).

Stufe	Deskriptoren
C2	Wie C1
C1	Kann Spielfilme verstehen, auch wenn viel saloppe Umgangssprache oder Gruppensprache und viel idiomatischer Sprachgebrauch darin vorkommen.
B2	Kann im Fernsehen die meisten Nachrichtensendungen und Reportagen verstehen. Kann Fernsehreportagen, Live-Interviews, Talk-Shows, Fernsehspiele sowie die meisten Filme verstehen, sofern Standardsprache gesprochen wird.
B1	Kann in vielen Fernsehsendungen zu Themen von persönlichem Interesse einen großen Teil verstehen, z. B. in Interviews, kurzen Vorträgen oder Nachrichtensendungen, wenn relativ langsam und deutlich gesprochen wird. Kann vielen Filmen folgen, deren Handlung im Wesentlichen durch Bild und Aktion getragen wird und deren Sprache klar und unkompliziert ist. Kann das Wesentliche von Fernsehprogrammen zu vertrauten Themen verstehen, sofern darin relativ langsam und deutlich gesprochen wird.
A2	Kann die Hauptinformation von Fernsehmeldungen über Ereignisse, Unglücksfälle usw. erfassen, wenn der Kommentar durch das Bild unterstützt wird. Kann dem Themenwechsel bei TV-Nachrichten folgen und sich eine Vorstellung vom Hauptinhalt machen.
A1	keine Deskriptoren vorhanden

Abb. 1: Fernsehsendungen und Filme verstehen (EUROPARAT 2001, Kap. 4.4.2.3.)

Vergleicht man aktuelle Rahmenlehrpläne für den Englischunterricht, so ist auffällig, dass die Zahl der Bundesländer, die den Einsatz von Filmen zum Teil sehr ausführlich thematisieren, sich in den letzten zehn Jahren erheblich erhöht hat. Die Erwähnung des Hörsehverstehens in den Rahmenplänen bzw. Lehrplänen der einzelnen Bundesländer fällt dabei unterschiedlich aus (vgl. BLELL/LÜTGE 2008). Manche Bundesländer betonen bereits den Filmeinsatz ab Klasse 5/6, z. B. Brandenburg, wo der Rahmenplan für moderne Fremdsprachen den Einsatz kurzer didaktisierter Filmausschnitte empfiehlt, deren Handlung im Wesentlichen durch Bild und Aktion getragen wird. In den Hinweisen zur schriftlichen Abiturprüfung des niedersächsischen Zentralabiturs finden sich regelmäßig konkrete Filmvorgaben, was sich auch in der Publikation einschlägiger Filmhefte widerspiegelt. Trotz einer gewissen Variationsbreite zwischen den Bundesländern ist der Trend sehr deutlich: das Hörsehverstehen findet bundesweit stärkere Beachtung. Auf den Seiten des Deutschen Bildungsservers (www.bildungsserver.de/) findet man über die Navigationspunkte *Schule* und *Lehrpläne* die entsprechenden Dokumente.

Kombi-Kompetenz:
Hörsehverstehen

Allerdings: das Hörverstehen und das Hörsehverstehen werden dabei häufig noch in einem Atemzug genannt, was der Besonderheit der „Kombi-Kompetenz" Hörsehverstehen wenig Platz einräumt. Dies spiegelt sich auch im Referenzrahmen, dessen Deskriptoren zum Verständnis von Fernsehsendungen und Filmen (vgl. Abb. 1) sich auf sprachliches Verständnis beziehen und vieles unberücksichtigt lassen, was ebenfalls eine Rolle spielt: Geräusche, Musik oder paralinguistische Merkmale. Dem Visuellen kommt hier auch nur eine unterstützende Funktion zu, wie HENSELER/MÖLLER/SURKAMP (2011, 3) beklagen. Dies ist umso erstaunlicher, wenn man bedenkt, dass viele Filmhandreichungen sich sehr stark auf die visuelle Wahrnehmung konzentrieren. Lerner sollen Kameraperspektiven, Schnitt und Montage analysieren, um kompetente Filmleser zu werden. Der Dimension des Zuhörens wird ausgerechnet in didaktischen Handreichungen nicht immer genügend Aufmerksamkeit geschenkt.

Um Filme verstehen zu können, müssen die Anforderungen im Rezeptionsprozess viel umfassender betrachtet werden, als dies in bisherigen Modellierungen des Hörsehverstehens der Fall ist. Lerner müssen nach HENSELER/MÖLLER/SURKAMP (2011, 4):

- Ton und Bildspur in ihrer Sukzessivität, aber auch ihrer Simultaneität wahrnehmen,
- dabei eine komplexe, integrative Verstehens- und Interpretationsfähigkeit entwickeln,
- die Wechselwirkungen zwischen *bottom-up* und *top-down* Prozessen ausbalancieren, d. h. mithilfe des phonologischen, lexikalischen und grammatikalischen Wissens Wörter und längere Textbausteine dekodieren, aber auch mithilfe außertextueller Schemata (Weltwissen, kulturspezifische Vorstellungen) Zusammenhänge erfassen.

Um sogenanntes „Weltwissen" für das Filmverstehen aktivieren zu können, reicht ein fertigkeitenorientiertes Training des Hörsehverstehens allein nicht aus. Für die Aktivierung von *top-down* Prozessen, die das schnelle Erfassen von Zusammenhängen erleichtern, benötigen Lerner spezifische Vorkenntnisse, z. B. über die Textsorte Film. Aber auch der Einsatz spezifischer Verfahren, die das Vorwissen der Lerner aktivieren *(pre-viewing activities)*, ist empfehlenswert.

Der Begriff Filmkompetenz – häufig auch *film literacy* – stellt eine Erweiterung des Begriffs der Hörsehverstehens-Kompetenz dar und bezeichnet nach SURKAMP (2010b, 64) „die Fähigkeit, bewegte Bilder zu lesen, die akustischen Signale von audio-visuellen Formaten deuten sowie das Medium Film (kritisch) nutzen und gestalten zu können."

Tatsächlich geht es bei der Entwicklung einer Filmkompetenz also um sehr viel mehr als das reine Hörsehverstehen. Fremdsprachige Filme – Literaturverfilmungen wie auch Spielfilme ohne literarische Vorlage – bieten

Filmkompetenz *(film literacy)*	
Teilkompetenzen	**Zielsetzungen** **(Kenntnisse, Fähigkeiten, Fertigkeiten)**
Wahrnehmungs-kompetenz	• Schulung und Bewusstmachung von Prozessen intentionalen Sehens für Sprach- und Sinnbildung • Aneignung grundlegenden „Filmizitätswissens" zur Unterstützung von Rezeptions- und Produktionsprozessen • Entwicklung einer Haltung kritischer Aufmerksamkeit gegenüber der Beeinflussung von Wahrnehmen, Denken und Handeln
Filmästhetische und -kritische Kompetenz	• Aneignung und Schulung der Fähigkeit zur kritischen Analyse und Bewertung filmischer Inhalte • Sensibilisierung für filmästhetische Aspekte • Schaffung eines Bewusstseins für manipulative Effekte filmischer Darstellungsformen
Interkulturelle Kompetenz	• Förderung des Fremdverstehens in audiovisuellen Darstellungen • Erweiterung des kulturellen Horizontes der Lernenden durch mediale Repräsentationen • Entwicklung der Reflexionsfähigkeit über eigen- und zielkulturelle Aspekte durch filmische Darstellungen
Fremdsprachliche Handlungs- und Kommunikations-kompetenz	• Schulung des fremdsprachlichen Seh-Hörverstehens • Befähigung zu emotionalen Reaktionen und persönlichen Stellungnahmen • Förderung sprachproduktiver Selbstständigkeit in der Fremdsprache

Abb. 2: Film literacy: Teilkompetenzen und Zielsetzungen (nach BLELL/LÜTGE 2004, 404)

nicht nur eine Vielzahl von Einsatzmöglichkeiten, sondern berühren ganz unterschiedliche Kompetenzbereiche des Fremdsprachenunterrichts.

Zusammenfassend kann festgehalten werden: Filme ermöglichen die Arbeit an sprachlichen Strukturen und fördern damit den Aufbau fremdsprachenkommunikativer Kompetenzen. Als Ausdrucksmittel des kulturellen Selbstverständnisses einer Gesellschaft können Filme auch für interkulturelles Lernen fruchtbar gemacht werden und ermöglichen zudem die Auseinandersetzung mit komplexen ästhetischen Gestaltungsprinzipien, die für eine umfassende Entwicklung von Filmkompetenz unverzichtbar sind. Doch was heißt das konkret? Welche Teilkompetenzen und Zielsetzungen gehören dazu? Einen Überblick liefert die Zusammenstellung auf Seite 17 (Abb. 2, nach Blell/Lütge 2004).

Fazit: Vier
Kompetenzbereiche

Diese vier Kompetenzbereiche müssen berücksichtigt werden, wenn man langfristig und kontinuierlich eine umfassende Filmkompetenz aufbauen möchte. Sie sind allerdings nicht voneinander zu trennen und können daher auch nicht sukzessive trainiert und dadurch nacheinander aufgebaut werden. Dennoch muss die Entwicklung einer umfassenden *film literacy* schrittweise entwickelt werden (vgl. Kap. 3.2).

1. Wahrnehmungskompetenz ist notwendig, weil Filmarbeit nicht pragmatisch auf bloße Fertigkeits- und Fähigkeitsentwicklung reduziert werden sollte. Deswegen ist die Bewusstmachung von Prozessen intentionalen Sehens und Hörens so wichtig. Anders ausgedrückt: Nicht die Autonomie des bewegten Bildtextes steht primär im Vordergrund, sondern vor allem die Zuschauer-Text-Interaktion, in der der Zuschauer, stimuliert durch den Film, seinen persönlichen Sinn erzeugt. Dabei geht es nicht um unstrukturierte und subjektive Empfindungen der Lerner, sondern im wahrsten Sinne des Wortes darum, einen „Blick" dafür zu entwickeln, wie ein Film die Wahrnehmung steuert, was wie präsentiert wird und wie Bilder, Farben, Musik, Kameraeinstellung und vieles mehr zusammenwirken, um einen audiovisuellen Gesamteindruck zu erzeugen.

2. Filmästhetische und -kritische Kompetenz baut auf Wahrnehmungskompetenz auf. An einer umfassenden Medienerziehung hin zum reflektierten und kritischen Umgang mit Medien hat auch die Beschäftigung mit Filmen im Fremdsprachenunterricht teil. Mediengerechte Filmarbeit bedeutet, das audiovisuelle Medium nicht ausschließlich als Sprechanlass oder Steinbruch für zielsprachliche und kulturelle Phänomene zu instrumentalisieren. Hier wird gefordert, dass man dem Kunstcharakter des behandelten

Films Rechnung trägt, indem die filmästhetischen Ausdrucksmittel und ihre Funktionen selbst zum Untersuchungsgegenstand gemacht werden. Aber: Lerner müssen erst ein Bewusstsein für filmspezifische Darstellungsverfahren und Sensibilität für die Konstruiertheit filmischer „Realitäten" entwickeln. Dazu benötigen sie u. a. filmanalytische Grundkenntnisse, die die Beherrschung eines entsprechenden Vokabulars voraussetzen. Sensibilität für die ästhetischen Mittel des Films zu wecken und dabei ein Bewusstsein zu schaffen, z. B. für die rezeptions- und sympathielenkende Wirkung von Filmen, ist wiederum eine Voraussetzung für die Entstehung medienästhetischer Kompetenz.

Einsicht in die Funktionsweisen bestimmter filmischer Darstellungsformen und ihre Wirkung auf die Rezipienten, das WIE der Verknüpfung von Form und Inhalt ist dafür sehr wichtig (vgl. Surkamp 2004b, 5). So können Kameraperspektiven, Musik, Licht- und Farbgestaltung analysiert und auch im Hinblick auf ihre manipulativen Wirkungspotenziale diskutiert werden. Es ist entscheidend, sich im wahrsten Sinne des Wortes vor Augen zu führen, dass die ästhetischen Gestaltungsprinzipien filmischer – wie auch anderer – Texte sich erst durch eine umfassende Analyse erschließen. Gerade die Komplexität der Darstellungsformen erfordert den – gelegentlichen – Einsatz filmanalytischer Fragestellungen, sofern diese nicht zugunsten eines einseitig kognitiven Zugangs zum Film geschehen. Im Rahmen einer rezeptionsästhetisch orientierten Filmdidaktik ist es ein Ziel, die Reflexions- und Kritikfähigkeit der Rezipienten zu fördern sowie kognitive und affektive Aspekte im Rahmen des Sinnbildungsprozesses zu berücksichtigen.

3. Interkulturelle Kompetenz soll hier keineswegs als „Schlagwort" verstanden werden, das ohnehin überall im Fremdsprachenunterricht vorkommt und nun auch noch das Medium Film erobert. In vielen Publikationen wird darauf hingewiesen, dass fremdsprachige Filme als authentische Kulturprodukte auch die Gelegenheit für interkulturelles Lernen bieten (vgl. Surkamp 2004a und 2004b, Lütge 2012). Tatsächlich werden Filme wie *Bend It Like Beckham*, *East is East* oder *Crash* (vgl. dazu Henseler/Möller 2007) häufig im Kontext interkultureller Reihen im Fremdsprachenunterricht eingesetzt. Allerdings muss hier darauf geachtet werden, dass durch die vermeintliche Authentizität keine distanzlose Rezeption erfolgt. Fremdsprachige Filme vermitteln aufgrund ihrer „Erfahrungshaltigkeit" fremde „Lebensweisen, Werte, Normen und Weltsichten. Durch die Beschäftigung mit ihnen erhalten die Lernenden daher Einblicke in fremdkulturelle Lebenswelten, die auch Unterschiede zu eigenkulturellen Verhaltensweisen erfahrbar machen" (SURKAMP 2004b, 3).

Interkulturelles Lernen mit Filmen im Fremdsprachenunterricht kann dort stattfinden, wo das kulturelle Selbstverständnis einer Gesellschaft untersucht wird. Wenn der multikulturelle oder multilinguale Kontext thematisiert und allgemein die monokulturell geprägten Bewusstseinshaltungen von Schülerinnen und Schülern aufgebrochen werden, ist ein wesentlicher Schritt getan. Dazu ist eine über die übliche Filmanalyse hinausgehende Behandlung von Filmen erforderlich, die auch die mediale Inszenierung zentraler Kulturthemen berücksichtigt. Eine wichtige Funktion kommt dabei dem Aspekt der Identifizierung des Zuschauers mit den filmischen Protagonisten zu, die durch die Anteilnahme am Geschehen sowie die Entfaltung der eigenen Urteilsfähigkeit zu einer Horizonterweiterung der Lernenden führen kann. BREDELLA spricht in diesem Zusammenhang von einer rezeptionsästhetischen Filmdidaktik (vgl. BREDELLA 2004, 28).

Die Frage, wie der Film als Kunstform kulturelle Aspekte inszeniert, wie Filme durch Bild und Ton manipulieren können, wie sie unseren Blick auf die Welt beeinflussen und damit auch unsere Wahrnehmung fremdkultureller Welten verändern, ist eine anspruchsvolle Aufgabe. Sie geht weit über eine bloße Filmanalyse hinaus. Hier deutet sich bereits an, dass das große Potenzial für den Fremdsprachenunterricht, das im Sehen und Hören von Filmlektüre liegt, noch lange nicht erschöpft ist (vgl. LÜTGE 2012).

4. Fremdsprachliche Handlungs- und Kommunikationskompetenz

Im Gegensatz zu den beschränkten Kommunikationssituationen, die häufig in Lehrwerken angeboten werden, ermöglicht der Einsatz von Filmen im Fremdsprachenunterricht die Arbeit an komplexen kommunikativen Strukturen. Die Rezeption von fremdsprachlichen Filmen fördert wichtige zielsprachliche Fertigkeiten der Lerner, insbesondere das visuell unterstützte Hörverstehen. Paralinguistische Aspekte (situationsabhängige, aber auch zielkulturell konventionalisierte Mimik und Gestik) und suprasegmentale Aspekte (z. B. Intonation, Sprechtempo, Pausen, Lautstärke) spielen dabei eine große Rolle für das Filmverstehen und können die Rezeption der sprachlichen Strukturen unterstützen.

Der Einsatz von Filmen im Englischunterricht ist neben allen anderen Zielen und Legitimationsargumenten, die motivationale, interkulturelle, medienästhetische und andere Aspekte umfassen, nicht von den funktionalen kommunikativen Kompetenzen zu trennen. Allgemeiner gesprochen: Der *Aspekt des sprachlichen Lernens, des Spracherwerbs,* ist immer ein zentraler Punkt für den Einsatz im Englischunterricht. Er steht durchweg im Zusammenhang mit den anderen Kompetenzen, kann deren Aufbau unterstützen oder behindern. Die bewusste Begegnung mit authentischen Filmbeispielen für die Förderung der Sprachlernprozesse zu nutzen, stellt eine große Chance dar, denn:

"The eye is caught, and this excites interest in the meaning of the words. Authenticity itself is an inducement – there is a special thrill in being able to understand and enjoy the real thing."

(SHERMAN 2003, 2)

Gleichzeitig ist damit aber auch eine große Herausforderung verbunden, denn – wie auch Sherman betont: „Watching drama that you don't understand is a very negative experience" (SHERMAN 2003, 15). Um Filme für die Arbeit an den funktionalen kommunikativen Kompetenzen fruchtbar machen und damit langfristig Sprachlernprozesse fördern zu können, muss man bedenken, dass Spracherwerb mit Filmen nicht einfach nur durch das „Sprachbad" erfolgt, dem Schüler beim Ansehen von Filmen ausgesetzt sind, denn dazu sind die Darstellungsformen des Mediums zu komplex.

Zusammengefasst: Um mit Filmen Englisch zu unterrichten, müssen die Teilkompetenzen der *film literacy* angemessen berücksichtigt und mit Blick auf die Klassenstufe, die Vorkenntnisse der Lerner und die Filmauswahl bedacht werden. Aber es müssen auch Entscheidungen darüber getroffen werden, wie das Verhältnis von „Filmanalyse" und „Filmerleben" aussehen soll oder, mit ENGELBERT THALER (2007b, 10) gesprochen, wie die „Balance zwischen Lernen und Lust" gefunden werden kann. Darum wird es im nächsten Kapitel gehen.

1.2 Audio*Visionen* für den Englischunterricht: Filmanalyse und Filmerleben

Einen Film anzusehen, kann ganz Unterschiedliches bedeuten: Begriffe wie die Filmlektüre, das Filmerlebnis, die Filmanalyse, die Filmrezeption deuten bereits an, dass es unterschiedliche Zugänge zum Medium Film gibt.

Audiovisuelle Entdeckungsreise

Einen Film anzusehen, ist auf jeden Fall eine sinnliche Erfahrung, eine audiovisuelle Entdeckungsreise und stellt einen individuellen, aber auch kollektiven Erlebnisraum dar. Dass Filme auch Teil der Lebenswelt Heranwachsender sind, macht einerseits ihren Reiz für den Fremdsprachenunterricht aus, stellt aber auch eine Herausforderung dar.

In diesem Zusammenhang wird gelegentlich die grundsätzliche Frage gestellt, ob Filme daher auch noch in der Schule behandelt werden sollten oder ob man die knappe Unterrichtszeit nicht eher anderen Medien bzw. Texten widmen sollte. Anders ausgedrückt: sollte angesichts einer großen Medialisierung des Alltags diese gerade bewusst in das Klassenzimmer geholt oder lieber draußen gelassen werden?

Eine zweite Frage betrifft die Überlegung, dass für Lernende das Medium Film seinen Reiz verlieren könnte, weil sie es eher mit Entspannung und passivem Konsum assoziieren. Dieser wiederum ist ja im Schulkontext nicht erwünscht; umfangreiche Filmanalysen aber können Schülerinnen und Schülern den Spaß an der Sache verleiden.

Balance: Filmanalyse und Filmerleben

Mit diesem grundsätzlichen Dilemma ist jeder Einsatz von Filmen konfrontiert. Motivation und Demotivation können manchmal dicht beieinander liegen. Ziel muss daher eine Balance sein zwischen Filmanalyse und Filmerleben, d. h. zwischen eher kognitiv-analytischen Zugängen zum Medium Film und solchen, die die Faszination der bewegten Bilder nicht zerstören.

In der fachdidaktischen Literatur (vgl. Blell/Lütge 2008) wird häufig unterschieden zwischen zwei grundlegenden konzeptionellen Zugängen, nämlich filmbezogenen Konzepten (Filmanalyse bzw. Filmverstehen) sowie eher lernerorientierten Konzepten (Filmerleben). Diese nehmen in ganz unterschiedlicher Weise Einfluss auf den Einsatz von Filmen im Fremdsprachenunterricht, zielen jedoch immer darauf, Filmarbeit sowohl affektiv als auch kognitiv einzubetten.

Die Fähigkeit, fremdsprachige Filme „lesen" zu können, eine „Filmlesekompetenz" zu entwickeln, kann ganz unterschiedlich umgesetzt werden.

„Filmlesen" kann auf ein globales Verstehen spezifisch filmsprachlicher Mittel abzielen, bei denen eher kognitiv-analytische Fähigkeiten im Vordergrund stehen. Anknüpfend an traditionell analytische Verfahren des Literaturunterrichts mit einer starken Betonung formal-strukturalistischer Prinzipien, stehen dann Überlegungen im Vordergrund, die

- die Analyse von Kameraeinstellungen,
- das Benennen und Zuordnen filmanalytischer Aspekte,
- medienkritische und filmästhetische Fragen

stark fokussieren. Der Schwerpunkt wird hier auf die zielgerichtete kenntnis- und kompetenzorientierte Schulung eines analytisch-semiotischen Handwerkszeugs im Umgang mit Filmen gelegt, um ein kritisches Filmverstehen zu ermöglichen, das auch andere filmische Randerscheinungen (z. B. Merchandisestrategien, Filmgeschichte) einschließt. Im Rahmen einer „visuellen Alphabetisierung" (vgl. Doelker 1997) ist ein Filmverstehen als kognitiv-konzeptuale Fähigkeit bis zu einem gewissen Grad nötig.

Daneben geht es aber auch um das **emotionale „Filmerleben"**, das eine wichtige Voraussetzung für jede Filmarbeit darstellt. Dieses Filmerlebnis kann für den Fremdsprachenunterricht eine positive Stimmung erzeugen, die die Schüler anspricht und ein möglichst lernförderliches Klima schafft. Vom hohen Motivationspotenzial ist häufig die Rede, wenn Filme im Fremdsprachenunterricht eingesetzt werden. Es geht um

- eigene Erfahrungen/Empfindungen beim Filmsehen,
- die Erfahrung mit dem Film als interaktivem Anker für die fremdsprachliche Kommunikation,
- die Thematisierung von Emotionen und Affekten durch das audiovisuelle Medium.

Beide Ansätze haben ihre Berechtigung. Allerdings kann eine ausschließliche „Konzentration auf Analyse und Verstehen [...] Bildungsprozesse verhindern" (Walberg 2007, 34). Statt vorschnelle, ausschließlich analytisch-objektivierend hergeleitete „Verstehens-Kurzschlüsse" zu verhindern, die im ungünstigsten Fall schon „zementierte" (auch visuelle) Selbst- und Weltbilder stabilisieren helfen, ist eher ein pädagogisch-didaktisches Herangehen angebracht, das ganz bewusst Differenzen, Irritationen und Reibungen zwischen Rezipient und Film, aber auch zwischen Rezipient und Rezipient offen hält (vgl. Blell/Lütge 2008).

Erforderlich ist ein „mehrstimmiger Unterricht" (Pauleit 2004, 18), der das subjektive Filmerleben der Kinder und Jugendlichen und ihre durch die „suggestive Kraft des Filmes" (Decke-Cornill/Luca 2007b, 19) ausgelösten Emotionen und Faszinationen ernst nimmt und sie in aktive Medienarbeit (Szenen- und Textgestaltung) umwandelt. Decke-Cornill/Luca fordern, eine Filmbildung als „Filmpädagogik" zu verstehen, „die es sich zum Anliegen macht, zwischen Personen und Sache, zwischen Objekt und Subjekt zu vermitteln" (Decke-Cornill/Luca 2007b, 27). Ein pädagogischer Ansatz, der dem Lerner eine aktiv-erlebende Auseinandersetzung mit medialer und realer Welt ermöglicht, kann den „Dualismus von Filmobjekt und Zuschauersubjekt" überwinden helfen.

Die **plurimediale Darstellungsform** des Mediums Film, d. h. die Verknüpfung sprachlicher, außersprachlich-akustischer und optischer Codes, kann sowohl für **analytische Formen der Filmarbeit** als auch für **handlungs- und produktionsorientierte Zugänge** genutzt werden, die stärker das Filmerleben in den Vordergrund stellen (SURKAMP 2004b). Was bedeutet das konkret?

Das Medium Film lässt sich selbst ins Zentrum der Reflexion rücken, bevor einzelne Filme behandelt werden. Der eigene Filmkonsum und die Frage, wie Filme Emotionen erzeugen, bringen interessante Impulse in den Unterricht. Vor allem wird mit solchen Ansätzen eines erreicht: die Selbstreflexion wird auf einem Meta-Level angeregt, ein einzelner Film wird nicht „zu Tode analysiert", sehr unterschiedliche und individuelle Erfahrungen und Filmgeschmäcker kommen zu ihrem Recht.

Eine Umfrage zum Filmkonsum kann in Partnerarbeit oder in einer Gruppe erarbeitet werden. Die Schüler führen dann Interviews in ihrer Klasse oder in der Schule durch und berichten anschließend über die Ergebnisse:

• *Make a film questionnaire and interview your classmates. You may use questions like these: How often do you go to the cinema? What was the last film you saw? How many hours per week do you spend on watching films (cinema, TV, Internet)? What will be your next film at the cinema?*

Die Erfahrungen der Lerner mit *Youtube*-Videos können in den Englischunterricht einbezogen werden, um kürzere audiovisuelle Formate zu berücksichtigen:

• *Which is your favorite Youtube video? Can you say why? What do you enjoy about Youtube videos? Do you remember sounds and images? Make some notes about it and tell your partner about it.*

Die Erzeugung von Gefühlen und Spannung durch filmische Mittel kann ebenfalls zum Thema gemacht werden:

• *How can a film show a character's feelings? How are emotions generated by films? How does a director make us feel suspense? What is the role of music?*

• *What makes films so fascinating for many people? When is a film enjoyable? When is it rather strenuous to watch it?*

Affektive Zugänge, die Emotionalität und Genussfähigkeit als zentrale Kriterien für ästhetische Kategorienbildung begreifen, sind wichtig und können in den Englischunterricht integriert werden. Die handlungs- und interaktionsorientierte Medienpädagogik (z. B. BAACKE 1992) hat dazu beigetragen, einen veränderten Blick auf die Filmrezeption (jugendlicher) Zuschauer zu werfen. In der Tradition der ästhetischen Theorie der Frankfurter Schule wurde eine kritisch-analytische, distanzierte Haltung bei der

Medienrezeption gleichsam als Grundbedingung allen ästhetischen Erfahrens angesehen (vgl. RoseBrock 2004, 113). Tatsächlich sollte aber die Suggestivität der Medien nicht ausschließlich kritisch betrachtet werden.

Unter dem Einfluss handlungs- und produktionsorientierter Verfahren, wie sie sich in der Literaturdidaktik etabliert haben, sowie aktueller medientheoretischer Diskussionen treten mittlerweile die stärker subjektbezogenen Ansätze (vgl. Niesyto 2006) in der Filmdidaktik deutlicher hervor, die dem Filmerleben einen größeren Raum zuweisen. Der Begriff „Filmerleben" bezieht sich auf die suggestive Kraft des Films. Die Faszination, die von den bewegten Bildern ausgeht, erhält so eine eigene Qualität (Decke-Cornill/ Luca 2007b, 19). Vor allem aber: Subjektorientierte Konzepte verstehen die Wirkung von Filmen auf ihr Publikum als interaktiven Vorgang, denn das Zuschauen bedeutet immer auch eine kognitive und emotionale Mitarbeit des Rezipienten. Nur durch Verstehensleistungen der Zuschauer wird aus der Vorführung eines belichteten Filmstreifens ein kommunikativer Vorgang (Hickethier 2001, 6). Und um kommunikative Vorgänge geht es beim Unterrichten mit Filmen im Englischunterricht.

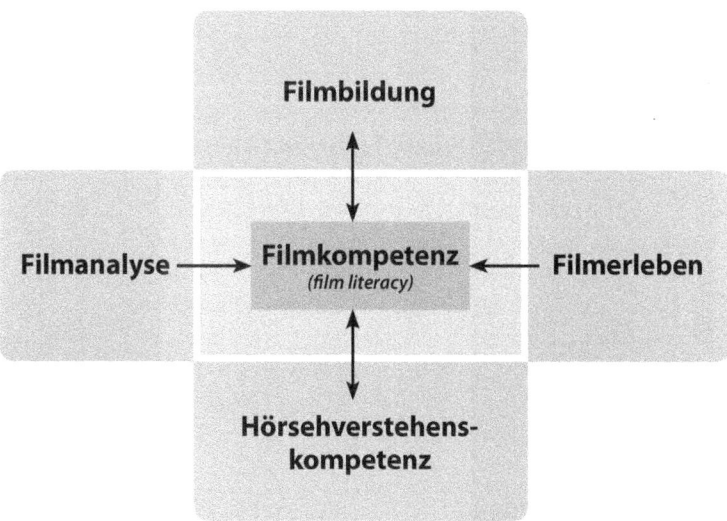

Abb. 3: Schaubild Filmkompetenz (film literacy)

Filmkompetenz *(film literacy)* ist mehr als bloßes Hörsehverstehen (vgl. Kap. 1.1), weil sie die Fähigkeit bezeichnet, bewegte Bilder zu lesen, akustische Signale audiovisueller Formate zu deuten und das Medium Film nutzen und gestalten zu können (Surkamp 2010b, 64). Noch umfassender – und deshalb als globalerer Oberbegriff geeignet – ist das Konzept der Filmbildung, mit dem auch Aspekte des Filmerlebens und der Filmanalyse gleichermaßen berücksichtigt werden wie auch die Fähigkeit, sich reflektiert über das Medium Film austauschen zu können.

Nun müssen Schüler im Englischunterricht keine Filmexperten werden, aber sie sollen differenziert mit Filmen umgehen können. Filmische Fachtermini und kreative Aufgabenstellungen gehören dazu, wenn man mit Audio*Visionen* unterrichten möchte. Aber: das Austeilen diverser *handouts* filmanalytischer Begriffe zu Beginn einer Unterrichtsreihe zum Film lässt sich einbetten in andere Aktivitäten.

In Analogie zu den sogenannten *pre-viewing activities* sollten daher *prefilm activities* zum Zuge kommen, die allgemeine Aspekte der Filmarbeit in den Mittelpunkt rücken, die die Faszination des Mediums Film berücksichtigen und unabhängig von der vertieften Behandlung eines Films eine größere Spannbreite filmischer Vorerfahrungen bedenken. Neben den oben genannten Aufgabenstellungen eignen sich dazu Verfahren, die Schüler aktiv werden lassen.

pre-film activities   Geeignete Aktivitäten im Rahmen von *pre-film activities* sind z. B. ein Filmquiz, Webquests oder Rechercheaufgaben, für die die folgenden Seiten gute Einstiege ermöglichen:
- Die Internetseite film education (www.filmeducation.org) hält eine Vielzahl von Materialien, Trailer und Hintergrundinformationen bereit, die sowohl für Lehrkräfte in der Unterrichtsvorbereitung als auch für Schüler bei der Recherche zu bestimmten Themen hilfreich sind.
- Um Kurzeindrücke ganz unterschiedlicher Filme zu erhalten und damit einen ersten Zugang zur Vielfalt audiovisueller Formate zu erhalten, ist die Homepage www.watchthetitles.com sehr gut geeignet. Der Name ist hier Programm, es geht lediglich um kurze Trailer, die einen Einblick ermöglichen.

Einen Einstieg ins Thema Film bieten aber auch Aktivierungsaufgaben, die die Schüler im Rahmen kooperativer Formate wie „walk and talk", „fish bowl" oder „think, pair, share" durchführen. Ein Fragenpool, der beliebig erweitert werden kann, bildet die Basis für unterschiedliche Zugänge:

- What comes to your mind when you hear the word 'movie'?
- Would you like to work in the movie industry?
- Why are movies called movies? Surely, they are talkies!
- Which movie would you like to live in?
- What's the best movie you've ever seen?
- Do you prefer watching movies at the cinema or on TV?
- Who is your favourite movie star?
- What's the worst movie you've ever seen?
- Are movies good for us?
- Do you think movies have made society more violent?
- What movie genre do you like best?
- Who would you want to play you in a movie based on your life?
- Would you like a job as a movie critic?
- What makes a great movie for you?
- What was the first movie you saw at the movie theater?
- If you could make a movie, what would it be about?
- Do you prefer to watch a good movie or a good sports game?
- Who do you like watching movies with the most?

(Vgl. www.esldiscussions.com/m/movies.html)

Um Filme „lesen zu lernen" müssen Bauformen filmischen Erzählens behandelt werden. Eine ganze Reihe von Veröffentlichungen nimmt die Filmsprache genau in den Blick. Allgemeine – deutschsprachige – Einführungen von FAULSTICH (2002), HICKETHIER (2001) und KORTE (2001) sind umfangreich und vermitteln sehr gute Überblicke zum Thema. Bei englischsprachigen Werken seien besonders JAMES MONACOS berühmte Einführung „How to read a film: the world of movies, media, and multimedia" (MONACO 2000) genannt, JOSEPH BOGGS und DENNIS PETRIES „The Art of Watching Films" (BOGGS/ PETRIE 2003) sowie DAVID BORDWELLS und KRISTIN THOMPSONS „Film Art: an Introduction" (BORDWELL/THOMPSON 2004).

Auf dieser Grundlage sind in den letzten Jahren Zusammenstellungen zu Filmtermini entstanden, die speziell auf den Englischunterricht abgestimmt sind. Hier ist besonders WOLF LIEBELT zu nennen, dessen Übersicht zu „The Language of Film" auf dieser Webseite beim Niedersächsischen Bildungsserver zugänglich ist: www.nibis.de/nli1/bibl/pdf/tfm06.pdf.

Darauf basierend haben eine Reihe von Veröffentlichungen filmspezifische Termini für den Englischunterricht präsentiert, z. B. SURKAMP 2004b. Speziell für den Englischunterricht ist auch die von SURKAMP 2010 herausgegebene interaktive DVD-ROM „Close-up: Exploring the Language of Film" zu nennen, die u. a. ein Lexikon filmsprachlicher Termini auf Englisch beinhaltet.

Einführung von
Filmtermini

Listen fotokopierbarer Filmtermini können im Englischunterricht in unterschiedlicher Weise zum Einsatz kommen. Sie können als Beobachtungsgrundlage an die Schüler verteilt, auswendig gelernt und zur Filmanalyse eingesetzt werden. Man kann diese filmanalytischen Grundwerkzeuge aber selbst wiederum zum Ansatzpunkt kreativer Unterrichtsgestaltung machen. Ausgangspunkt können die acht verschiedenen *camera shots* sein (vgl. Abb. 4), die von den Schülern bestimmten Situationen zugeordnet werden sollen (nach einer Idee von INES BARTENSTEIN, 2008):

Which shots would you use for which image? Match the following images with the shots in the frames. Sometimes several shots can be used for one image.

Images: a bunch of flowers on a table – a couple sitting on a bank – rabbits on a meadow – Big Ben – snowflakes melting on a window – two children fighting over a toy – a long river – sunset at the ocean – a group of people in a shop – a factory – a couple in a rowing boat – a man hanging from a cliff – a woman frowning – cloudy sky – a courtroom scene – coronation of a new monarch – professor teaching her class

Um Filmtermini einzuführen, ist ein Potpourri aus filmspezifischen Begriffen als eine *pre-film activity* gut geeignet, die Lerner schon einmal Aspekte der Filmsprache sortieren zu lassen.

Box Potpourri
Try to group the following words systematically. Can you find adequate headings?
flashback, slow motion, close-up, credits, storyboard, soundtack, cut, voice-over, zoom, casting, screenplay, setting, long shot, score, still, director, mise-en-scène

Die Zusammenstellung auf S. 30 ff. *(selected terms for film analysis)* vereint wichtige Filmbegriffe nach LIEBELT (2002), GRIMM (2007) und PORTEOUS-SCHWIER/ROSS (2007).

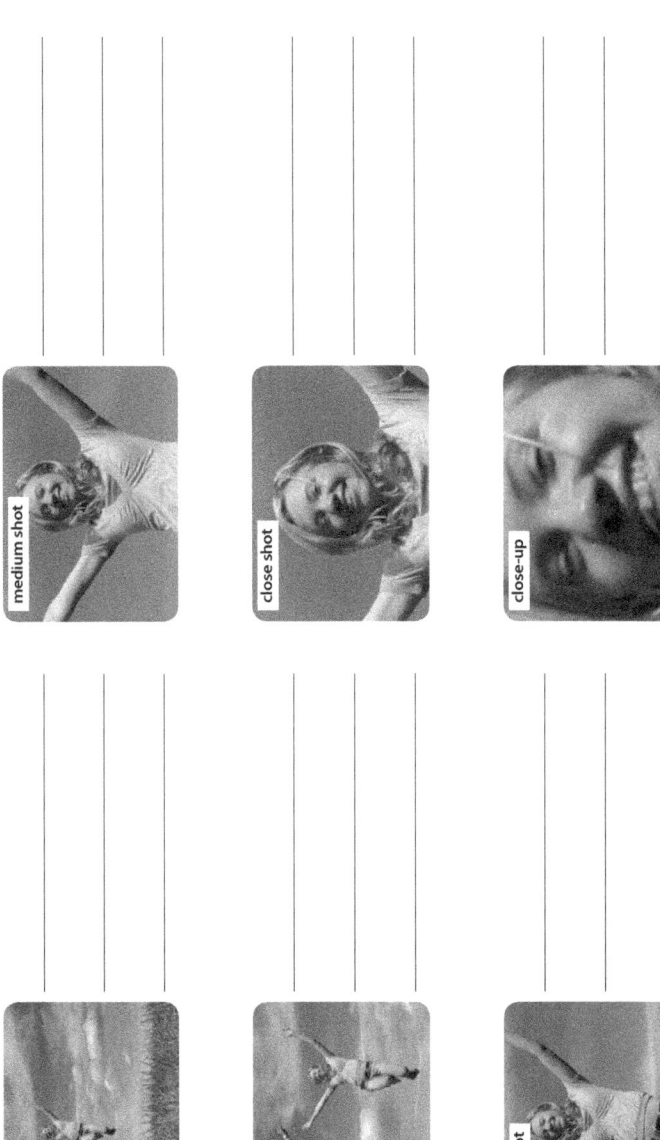

Abb. 4: Camera Shots

Fotolia © Doreen Salder

Selected terms for film analysis

Mise en scène	
cast(ing):	the group of actors who perform in a movie/process of selecting actors
flashback:	a shot or a sequence of shots that moves back in time, then returns to the present
flash-forward:	a shot or a sequence of shots in which the plot moves forward to the future and then returns
lead/leading role:	the most important character in a movie
location:	the place where the filming takes place (either on location or on the set)
minor role:	a small part in a movie, a walk-on part (often not involving speaking)
plot:	the events presented in a movie, including causal relations, chronological order, duration, frequency etc.
screenplay:	a description of the action and dialogue of a movie
setting:	the place, time period and circumstances of the story line
storyboard:	a series of drawings used to illustrate the sequence of a shot
supporting role:	a less important role than that of the leading actor or actress

Sound	
dub:	a technique by which a movie is provided mainly with monologues, dialogues, and voice-overs (sometimes with a soundtrack) in a different language
sound effects:	audio components usually created by Foley artists and integrated into the movie during post-production
soundtrack:	the collection of the songs chosen for the movie to support the atmosphere of specific scenes, to enhance emotions, or even to structure the movie
voice-over:	the voice of an unseen commentator or narrator heard during a movie

Montage/editing	
cut:	a clean break and instantaneous jump from one frame to another
fade out/in:	a take in which the image of a shot gradually fades into black and a consecutive image gradually appears from out of the black screen
fast-cutting:	a fast-paced succession of shots of comparably brief duration in order to create an atmosphere of energy, emergency, urgency etc.
jump cut:	a shot comparable to an ellipsis interrupting a shot in order to condense it

match cut:	two shots are linked visually, aurally, or metaphorically
parallel action/ cross-cutting:	intermingling the shots of two or more scenes, linking or contrasting the shots which usually develop simultaneously
reaction shot:	a shot in which we see a character's reaction to something
shot/reverse shot:	alternating shots of two characters in a dialogue scene (often over-the-shoulder framing)
slow motion:	a way of filming in which the action is made to appear slower than normal
slow-cutting:	a slow-paced succession of shots of comparably long duration to create an atmosphere of peace, tranquility, and serenity
split screen:	two shots developing simultaneously on a screen usually split into two halves

Field sizes

close-up:	the camera is very close to the object, with human subjects, the face and its expressions shown. The slightest nuance of expression in an actor's face is shown and can become significant
extreme close-up/detail shot:	a shot of a hand, eye, mouth or body part, or another object in detail
full shot:	a shot of a subject that includes the entire body and not much else
long shot:	the camera is at a great distance from the subject being filmed and presents the entire setting
medium long shot:	the subject of the shot, e. g. a couple, is shown together with its surroundings
medium shot:	the camera is not quite as close to its object as in a close-up; with human subjects the person is shown down to the waist or hips
normal shot:	comprehensive term for all field sizes between the long shot and close-up

Point of view

establishing shot:	generally a long shot that shows the general location of the scene
over-the-shoulder shot:	the partner in a dialogue is seen from the perspective of a person standing just behind and a little to one side of the other partner so that parts of both are in the frame
point-of-view shot (POV):	shows the scene from the point of view of a character
reverse-angle shot:	a shot from the opposite side

Camera angles

eye-level/ straight-on angle:	the fairly conventional angle at which the camera is pointed at the subject, it is often used to convey the idea of realism, authenticity and objectivity
high angle/overhead:	the camera is placed at an angle above the scene of action, thus objects and people appear smaller and less important. In an extreme form, it becomes a bird's eye view
low angle/below shot:	objects and people are filmed from below, so the importance of what is shown thereby tends to be enlarged. In an extreme form, it becomes a worm's eye view

Camera movements

pan(ning):	this is a movement from left to right or vice versa around the vertical axis. The panning movement can lead smoothly from one image to the next, or from one character to another
tilt:	movement of the camera upwards (**tilt up**) or downwards (**tilt down**) around the horizontal axis
tracking (trucking) shot:	these expressions are derived from the early film practice of putting the camera on a truck or on a small wagon which runs along a metal track
zoom:	technically this is not a moving shot because the camera itself does not move; the zoom is produced by a system of lenses whose focal length is adjusted during the shot; **zoom-in:** the subject appears to come closer; **zoom-out:** the subject appears to move farther away

Additional film terms

(voice) off:	the speaker (narrator/character) is not shown in the picture
(voice) on:	the speaker (narrator/character) is shown in the picture
backlighting:	filming a person or event against a background of light, e.g. the sun. It may produce an idealized, sometimes romantic effect
camera operator:	the person behind the camera(s); in major productions, the head of the camera team is usually called the **director of photography**
clapboard:	a small board which gives information about a film: e.g. the director, the director of photography, the scene, take number, date and time
credits:	list of people who were involved in making the film
director:	supervises the production of a film and is responsible for action, lighting, camera behaviour, music and for giving substance to the intention of the author
editor:	person in charge of splicing the shots of the film together
film transcript:	transcript of the final film according to the individual shots giving field size, camera angle, camera movement, action, dialogue etc.

footage:	the length of film made for TV or cinema
frame:	a single image of the film
mise-en-scène:	direction of actors, placement of cameras, lighting, arrangement of the shot
producer:	responsible for financing and marketing the film
scene:	a shot or series of shots that deals with a single action
score:	film music
screenplay:	script of a film containing a rough description of the location, the dialogue and some of the camera movements
segment:	larger unit in a film composed of a number of shots; usually unifying elements are place, time, theme etc.
shot:	a single piece of film without cuts exposed continuously
still:	single photograph or shot from a film.
storyboard:	sketch of what is going to be filmed
subtitle:	a printed translation of the dialogue of a foreign-language film shown at the bottom of the screen
take:	single attempt to film a shot.

Eine weitere interessante Variante der Erarbeitung filmischer Termini besteht in der arbeitsteiligen Beschäftigung mit den Begriffen. Hier können sechs Gruppen gebildet werden zu den Bereichen

- mise-en-scène,
- sound,
- montage/editing,
- field sizes,
- point of view,
- camera operations.

Die Schüler sollen zunächst in der Gruppe über ihren Begriff sprechen und Informationen notieren. Sie erhalten dann von der Lehrkraft die linke Seite der Tabelle zu ihrem Begriff ohne die dazugehörigen Erklärungen in der rechten Spalte (an der gestrichelten Linie abgeschnitten). Die Schüler

- suchen nun entweder in der Gruppe nach passenden Definitionen zu ihren Begriffen
- oder sie ordnen die zusätzlich von der Lehrkraft bereitgestellten *jumbled definitions* den richtigen Begriffen zu.

Die letzte Rubrik der *additional film terms* kann in ähnlicher Form im Klassenverband (entweder vorher zur Einstimmung oder zum Abschluss dieser Phase) bearbeitet werden.

- Überlegungen zu den Effekten ausgewählter *terms for film analysis*, z. B. *tilt, zoom, close-up, slow motion, flashback* können ebenfalls thematisiert werden.
- Denkbar ist es auch, dass Schüler sich Begriffe auswählen und selbst über die mögliche Wirkung nachdenken.

Statt einfach Listen mit Filmtermini auszuteilen, können diverse Zuordnungsaufgaben gestellt werden.

- Lehrer gibt Definition vor, Schüler raten dazugehörigen Begriff, dies kann auch abwechselnd von Schülern übernommen werden oder
- ein Schüler oder die Lehrkraft gibt eine Stimmung/Situation vor. Alle anderen suchen dazu passende Kameraeinstellungen oder *sound effects*.

Eine ausführliche und umfassende Einführung filmspezifischer Termini ist unerlässlich. Dabei geht es nicht nur um die Beherrschung der Begrifflichkeiten. Wichtig ist auch die kommunikative Verwendung der Filmterminologie, sozusagen im Rahmen einer *pre-film activity*, damit eine Vertrautheit mit den Begrifflichkeiten schon vor dem Anschauen und der Analyse eines bestimmten Films besteht.

Für die Förderung filmanalytischer Kompetenzen ist die Erstellung von Filmprotokollen bzw. Einstellungsprotokollen hilfreich, weil sie den Blick auf das Zusammenspiel von Bild- und Tonebene lenken. Sie machen eine kleinschrittige Vorgehensweise mit kurzen Filmsequenzen nötig und können arbeitsteilig in Gruppen bearbeitet werden.

In Anlehnung an Teasley/Wilder (1997) (vgl. Abb. 7) kann mit *viewing notes* gearbeitet werden, die einen systematischen Zugriff zu filmischen Darstellungsformen ermöglichen und durch regelmäßigen Einsatz die Wahrnehmungsfähigkeiten der Schüler fördern. Empfehlenswert und gut einsetzbar ist die Struktur von Tepe (2004) (vgl. Abb. 8).

Viewing notes

Die Vorlage der *viewing notes* kann aber auch eingesetzt werden, um Schüler über die Umsetzung einer Szene spekulieren zu lassen. Geschult am Instrumentarium filmischer Darstellungsformen, können Lerner *viewing-notes*-Vorlagen daher auch auf kreative Art und Weise nutzen, um zu überlegen, wie bestimmte Szenarien umgesetzt werden können.

Häufig genug wird eine Trennung zwischen filmanalytischen Zugängen und Methoden handlungsorientierter Filmarbeit praktiziert, die wenig för-

Sequence analysis protocol		
sequence		
time		
plot/sequence of action		
camera angles & movement		
image composition, color and lighting		
soundtrack		

Abb. 5: Sequenzprotokoll/Sequence analysis protocol

derlich ist für einen angemessenen Umgang mit dem Film im Fremdsprachenunterricht. Um eine medienreflexive Komponente im Englischunterricht zu etablieren, bevor bereits mit filmanalytischen Termini gearbeitet wird, sind auch *storyboards* sehr hilfreich. *Storyboards* liefern Vorlagen für die Erstellung einer Filmszene und zeigen verschiedene Einstellungen auf. Schüler können hier entweder zeichnen oder auch mit Notizen zur konkreten Umsetzung die Entwicklung einer Filmszene antizipieren. Auf diese Weise werden handlungsorientierte und eher kognitiv-analytische Zugänge integriert. Einfach strukturierte *observation grids* (Abb. 6) können nicht nur zur Filmbeobachtung genutzt werden, sondern auch, um Überlegungen zur Umsetzung einer Filmszene zu skizzieren und die eigenen Spekulationen zu fixieren. Überlegungen zur Wirkung auf den Zuschauer sollten dabei immer eine Rolle spielen, denn die Schüler lernen bei der Arbeit mit dem Film auch, dass – und wie – bestimmte Effekte erzeugt werden können.

action	field size	camera angle and movement	sound/music	colours	Effect on the viewer

Abb. 6: Observation grid for film analysis

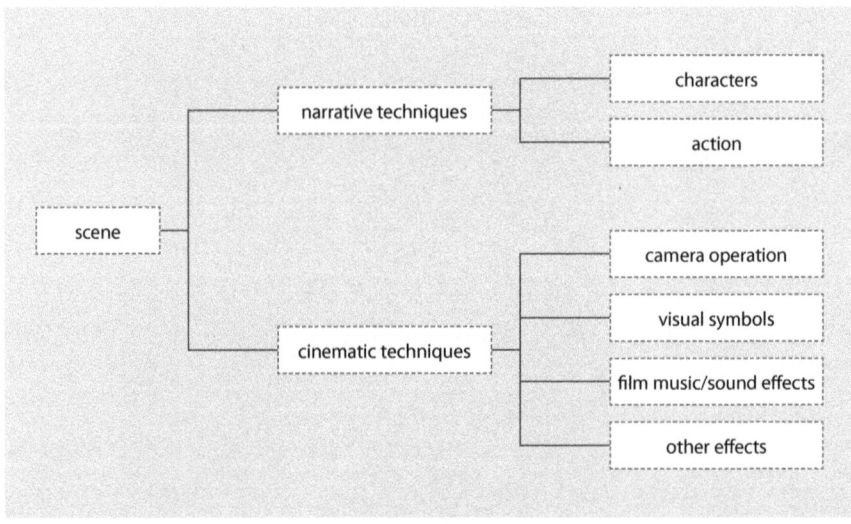

Abb. 7: Narrative and cinematic techniques (nach TEASLY/WILDER 1997)

appearance	setting • time: • place:
body language (face, gesture, movement)	plot (unanswered questions)
use of language/communication	suspense

	narrative techniques	
characters	scene:	**action**
camera operations	_____	**visuals**
	cinematic techniques	

film music/sound effects	**other effects**

Abb. 8: Notetaking sheet (nach TEPE 2004)

1.3 Mit Filmen unterrichten: Aspekte der Unterrichtsplanung

Englisch unterrichten mit Filmen stellt einige Herausforderungen an die Unterrichtsplanung, die im Vorfeld bedacht und bei der Durchführung berücksichtigt werden müssen. Kriterien der Filmauswahl, organisatorische und inhaltliche Fragen zur Präsentation des Films, unterrichtsmethodische Entscheidungen, die angemessene Einbettung des Themas in eine Unterrichtsreihe u. v. m. gehören dazu.

THALER identifiziert hier vier Problembereiche, bzw. „Konflikte", die immer beim Unterrichten mit Filmen gelöst werden müssen: den „Zeit-Konflikt", den „Kommunikations-Konflikt", den „Rezeptions-Konflikt" und den „Ziel-Konflikt" (THALER 2007a, vgl. Abb. 9).

Vier „Konflikte" der Unterrichtsplanung

Zur Unterrichtsplanung gehört natürlich auch die Filmauswahl, die anhand bestimmter Kriterien getroffen werden muss:

- **Sprache:** Wie sind Sprachgeschwindigkeit und die Aussprache einzuschätzen? Gibt es schwierige Dialekte oder Slang? Kommt themenspezifisches und ungewohntes Vokabular vor? **Thematik des Films:** Was ist die grundlegende Filmaussage? Passt sie thematisch zu meiner Reihe? Ist eine gewisse Vielschichtigkeit bzw. Mehrdimensionalität gegeben, die den Film vielseitig einsetzbar macht?
- **Schülerrelevanz und Altersangemessenheit:** Sind die gesetzlichen Bestimmungen für die entsprechende Altersgruppe eingehalten (FSK)? Ist der Film für meine Lerngruppe geeignet? Ist er schülerrelevant, altersangemessen? Knüpft er an Interessensfelder der Schüler an und stellt Bezüge zur Alltagswelt her?
- **Komplexität der Storyline:** Ist der Film leicht zugänglich oder eher komplex? Wie verständlich sind die Handlungsstränge für meine Lerngruppe?
- **Charaktere:** Wie viele Charaktere treten auf? Sind dadurch Verständnisschwierigkeiten vorprogrammiert? Wie ausgereift, entwickelt und tiefgründig werden die Charaktere gezeichnet?
- **Verstehensfördernde Parameter:** Inwiefern wird die Handlung durch das Zusammenspiel von Bild und Ton (Sprache, Geräusche, Musik, nonverbale und paralinguistische Elemente, Gestik, Mimik) getragen? Ist viel Text mit Geräuschen hinterlegt? Kann sich der Lerner die Handlung des Films trotz sprachlicher Dunkelstellen erschließen?

Unabhängig vom jeweiligen Film, den Vorerfahrungen der Schüler und der jeweiligen Unterrichtssituation sind einige Kriterien identifizierbar, die Filme schwieriger oder leichter erscheinen lassen (vgl. SHERMAN 2003). **Schwieriger verständlich** sind fremdsprachige Filme mit:
- hoher verbaler Intensität: viel Sprache bei wenig „Action", z. B. tiefgründige *dinner table conversations,*
- großer „Bild-Ton-Schere", das heißt, wenn die Bild- und Tonspur unterschiedliche Geschichten erzählen (häufig bei der Darstellung von Ironie),
- naturalistischen Sprechsituationen: mehrere Personen reden gleichzeitig, unzusammenhängende Dialoge treten auf, Personen stehen mit dem Rücken zur Kamera.

Verstehensförderlich wirkt sich grundsätzlich eine Komplexitätsreduktion aus. **Leichter verständlich** sind fremdsprachige Filme mit:
- eindeutigen, klaren Handlungsverläufen, z. B. klaren Bezügen zwischen Handlung und Sprechanteilen, konventionellen Plots, beispielsweise bei

Romanzen (z. B. *Dirty Dancing)*, Kinderfilmen *(Babe, Wallace and Gromit)*, vielen großen Hollywooderfolgen mit allseits bekannten Inhalten *(Titanic, Jurassic Park)*, einfachen Plotstrukturen und zeitaufwändigen Spezialeffekten, die keine zusätzliche Verstehenslast verursachen, sondern nonverbal erschließbar sind (z. B. *Close Encounters, Star Wars)*.

• reduziertem Tempo durch spezifische Figurenkonstellationen, in denen z. B. eine Figur nicht angemessen kommunizieren kann „because he or she is an alien, a foreigner, deaf etc. producing slow halting language which has to be interpreted both for the other characters and the audience" (SHERMAN 2003, 16). Beispiele sind die Filme *Nell, Rainman, ET, Children of a Lesser God, Regarding Henry, Down by Law, Awakenings, Dances with Wolves, The Piano.*

Probleme	Lösungsansätze
Zeit-Konflikt: langer Film vs. kurze Unterrichtsstunde	• zeitsparende Präsentationstypen • *independent film study*
Kommunikations-Konflikt: Sprachniveau Film vs. Lernende	• Abschied vom Alles-Verstehen-Wollen • auf Lernniveau abgestimmte Filmauswahl • einfache *plots* • viele Wort-Bild-Kongruenzen • langsame, deutliche Standard-Aussprache • Segmentverfahren • (mehrmalige) Wiederholungen • Pointierung • vorentlastende Aktivitäten *(key words, topics, characters, plot)* • *modelling* bei *tasks*
Rezeptions-Konflikt: visueller vs. auditiver Kanal	• zielorientierter Einsatz der drei Kombinationsmodi von Ton und *subtitles* • Dosierung der Untertitel (sukzessive Zurücknahme nach anfänglichem *tuning in*)
Ziel-Konflikt: Lernwert vs. Unterhaltungswert	• Balance zwischen Lernen und Lust • Gleichgewicht Spracharbeit – Spannung • Beschränkung der Verwendung der Pause-Taste • Vermeidung zu häufiger Wiederholung einer Szene • dosierter Einsatz von *comprehension questions, vocabulary work, grammar worksheets*

Abb. 9: Konfliktsituationen (THALER 2007a)

„Mit Filmen Englisch unterrichten" kann Vieles bedeuten. Für die Unterrichtsplanung ist zunächst die Zieldimension wichtig, die vor dem Filmeinsatz geklärt werden muss. Mit welcher Absicht soll der ausgewählte Film eingesetzt werden?

Festlegung der Zieldimension

- Geht es um die inhaltlich-thematische Einbettung in eine Reihe, die durch einen Film illustriert werden soll? Soll der Film hier zur Motivation für das Thema am Anfang gezeigt werden oder zum krönenden Abschluss am Ende?
- Möchte ich gezielt an der Hörseh-Kompetenz der Schüler arbeiten und setze dafür unterschiedliche, thematisch nicht unbedingt verwandte Filme ein?
- Will ich meine Lerner sprachpraktisch schulen und die Entwicklung der kommunikativen Fertigkeiten fördern?
- Arbeite ich mit Filmen im Kontext einer Literaturverfilmung oder mit *feature films* im Rahmen eines Medienprojekts?
- Geht es um filmanalytische, medienästhetische, medienkritische Aspekte? Sollen also filmspezifische Darstellungsformen – unabhängig von einem einzelnen Film – im Vordergrund stehen?
- Soll der Film eine größere Rolle innerhalb der Einheit spielen oder wird nur eine kurze Sequenz gezeigt, die Gesprächsgrundlage zu einem bestimmten Thema sein soll?

Diese Liste ist beinahe unendlich fortsetzbar. Unterschiedliche Ziele können dabei durchaus mit *einem* Film umgesetzt werden. Der Film *Forrest Gump* kann z. B. u. a. eingesetzt werden, um

- mit einem sehr kurzen Filmausschnitt eine Kommunikationssituation nachzuspielen: Die Rahmenhandlung (Forrest Gump mit wechselnden Gesprächspartnern auf einer Bank an der Bushaltestelle) dient als Stimulus für das Erfinden und Inszenieren eigener Geschichten,
- anhand einzelner Filmausschnitte den Vietnamkrieg zu thematisieren, Aspekte des *American Dream* oder der Geschichte Amerikas seit dem Zweiten Weltkrieg zu bearbeiten,
- das Motto „Life is like a box of chocolates" anhand verschiedener Filmszenen zu betrachten, die anschließend szenisch umgesetzt werden,
- musikalische Motive als Gestaltungsformen der Filmkomposition zu identifizieren und das Zusammenwirken von Filmmusik und bildlicher Darstellung an ausgewählten Szenen zu analysieren.

Die Auswahl eines bestimmten Films legt noch nicht eine bestimmte Vorgehensweise nahe. Umgekehrt ist die Entscheidung für einen Film noch nicht mit der Festlegung auf ein bestimmtes Ziel verbunden.

Je nach Zielsetzung, die mit dem Filmeinsatz in der jeweiligen Klassenstufe verbunden ist, müssen weitere Kriterien im Einzelfall berücksichtigt werden. Neben der **Länge des Films** spielt auch die übermittelte **Stimmung** eine Rolle. Löst der Film Belustigung, Angst oder Betroffenheit aus? Ist er auch unter diesem Blickpunkt für meine Lerngruppe geeignet? Gibt es **Interpretationsspielräume**, die kommunikativ genutzt werden können, d. h. inwiefern werden auf der narrativen oder auch filmischen Ebene Fragen aufgeworfen, die nicht geklärt werden? Welche Lücken könnten (kreativ) geschlossen werden? Die Performanz der Schauspieler und andere qualitative Überlegungen spielen ebenfalls eine Rolle. Für den Englischunterricht ist auch die **Eignung zur Förderung interkultureller Kompetenz** wichtig, wenngleich sie nicht für jede Filmauswahl zum alleinigen Kriterium gemacht werden kann.

Inwiefern lädt der Film zum Perspektivenwechsel ein? Gibt es Identifikationsmöglichkeiten für die Schüler und die Möglichkeit, Empathie mit den Filmfiguren zu entwickeln? Regt die Visualisierung interkultureller Begegnungen zu einer differenzierten Auseinandersetzung mit fremdkulturellen Aspekten ein? Diese Aspekte können immer für den Einzelfall geprüft werden. Für Lehrkräfte ist dabei eine Abwägung zwischen den Besonderheiten und **filmischen Vorerfahrungen** der Lerngruppe, den **filmdidaktischen Zielen** der Unterrichtsreihe und der **Spezifik des jeweiligen Films** zu leisten. Diese variieren nach den verschiedenen Filmgenres, z. B.:

- Spielfilm *(feature film)* (z. B. Abenteuer, Fantasy, Science-Fiction, Kriminalfilm, Melodram, Komödie)
- animierter Spielfilm *(animated feature film)*
- live-action Kurzfilm *(live-action short film)*
- animierter Kurzfilm *(animated short film)*
- live-action Fernsehserie *(live-action TV series)*
- animierte Fernsehserie *(animated TV series)*
- Dokumentarfilm *(documentary)*
- Trailer
- Werbung *(advertisements)*
- Musikvideo *(music video)*
- didaktisierter Film

Nicht nur inhaltlich, sondern auch in der Länge unterscheiden sich audiovisuelle Formate oft erheblich. Thaler (2010c,105) differenziert zwischen

- short forms (1–5 minutes, e. g. commercials, trailers, music videos)
- medium forms (20–45 minutes, e. g. sitcoms, soaps, drama series)
- long forms (90 + minutes, e. g. feature films, live coverage of national events)

Unterschiedliche Präsentations- möglichkeiten

Aber auch jeder lange Spielfilm kann in kurze Sequenzen aufgeteilt werden, was eine Reihe unterschiedlicher Zugänge zum Film ermöglicht – mit diversen Vor- und Nachteilen (vgl. Thaler 2007a, Stempleski/Tomalin 2001, Sherman 2003):

- Blockpräsentation
- Intervallpräsentation
- Sandwich-Präsentation
- Segment-Präsentation

Beim **Blockverfahren** wird der Film entweder in einem Stück oder in zwei bis drei längeren Blöcken präsentiert. Eine Auswertung, z. B. in Form von Rezeptionsgesprächen oder kreativ-produktiven Verfahren findet dabei erst nach der vollständigen Filmrezeption statt. Eine solche Vorgehensweise kann das Verständnis für den Film als Gesamtkunstwerk fördern. Gleichzeitig wird man das Argument einer Verstärkung der passiven Konsumentenhaltung bei den Zuschauern nicht ganz von der Hand weisen können.

Beim **Intervallverfahren** wird der Film in eine größere Zahl von Segmenten gegliedert, die vom Umfang her gleich lang oder sehr unterschiedlich sein können. Als vorteilhaft kann man die Konzentration auf kürzere Filmabschnitte bewerten, wenn diese z. B. aufgrund ihrer inhaltlichen Ähnlichkeit oder zur Beobachtung bestimmter Details ausgewählt werden. Die Zerstückelung eines Films in quasi mundgerechte Häppchen kann allerdings das Filmerlebnis erheblich beeinträchtigen, eine sehr kleinschrittige Verfahrensweise sollte daher nicht überstrapaziert werden.

Wird der Film nur ausschnittweise gezeigt, so spricht man vom **Sandwichverfahren.** Hier kann es zu einer alternierenden Verwendung von Filmstücken und schriftlichen Texten wie z. B. Drehbuchauszügen oder Ausschnitten aus der literarischen Vorlage kommen.

Beim **Segmentverfahren** wird lediglich ein Ausschnitt eines Films gezeigt. Dies dient häufig zur Illustration einer bestimmten Situation durch audiovisuelle Beispiele. Auf diese Weise können Auszüge aus unterschiedlichen Filmen gezeigt werden, die durch thematische Parallelen verbunden sind. Aber auch zur Initiierung kommunikativer Prozesse können kurze

Präsentations-modus	Beschreibung	Vorzüge	Nachteile
Block-Präsentation	Vorführung des gesamten Films, Sehen ohne Unterbrechung	• natürliches Sehverhalten • außerschulische Medienwirklichkeit • Spannung, Identifikation • wenig Zeit- und Vorbereitungsaufwand	• passiver Konsum • Fehlen didaktischer Aufbereitung • Mangel an Lehreffizienz (kein *noticing/focussing*) • Bonbondidaktik
Intervall-Präsentation	Unterteilung des Films in einzelne Sequenzen (ca. 15'), sukzessives Sehen in mehreren Stunden	• Möglichkeiten didaktischer Aufbereitung • *pre-, while-, post-viewing tasks* pro Stunde • Sehen des gesamten Films	• Fragmentierung des Film • Spannungsverlust • Zeitaufwand (6–10 Unterrichtsstunden) • Unnatürliches Sehmuster
Sandwich-Präsentation	Vorführung ausgewählter Sequenzen, Überspringen anderer Szenen, Verbalisierung ausgelassener Teile	• didaktische Aufbereitung (*pre/while/post stages*) • geringerer Zeitaufwand als bei Intervall-Verfahren • Auslassen unwichtiger Passagen	• Zerstückelung des Films • Verständnisprobleme durch Unvollständigkeit • höherer Zeitaufwand als bei Segment-Verfahren
Segment-Präsentation	Vorführung und Bearbeitung nur einer Szene oder Sequenz (z. B. Eröffnungsszene)	• Fokussierung einer wesentlichen Sequenz (*key scene*, Lehrplanbezug) • geringster Zeitbedarf • didaktisch-methodische Flexibilität • wiederholte Darbietung	• Isolierung einer Szene • Vernachlässigung wichtiger Filmaspekte • Reduzierung des Unterhaltungswerts

Abb. 10: Präsentationsmodi (THALER 2007a)

Filmausschnitte Impulse liefern – ohne dass eine komplette „Filmlektüre" folgen muss.

Denkbar sind ebenfalls **Mischformen** aus den genannten Verfahren. So kann ein Film zur Hälfte im Blockverfahren präsentiert werden, um danach im Intervallverfahren fortgeführt zu werden – oder auch umgekehrt (vgl. BURGER 1995, 596). Entscheidend ist neben der Länge des Films und der zur Verfügung stehenden Zeit vor allem die Zielsetzung der Lehrkraft im Hinblick auf die Funktion des Films im jeweiligen Unterrichtskontext.

Die Aufgabenstellung ist zentral für das Rezeptionsverhalten der Schüler. „Just watch and try to understand as much as possible" ist wenig zielführend, wenn Schüler nicht wissen, wie lang der Filmausschnitt sein wird, um ihre Konzentration entsprechend dosieren zu können. Sie müssen zudem wissen, worauf sie achten sollen.

- **Viewing for the overall idea:** Geht es um ein Globalverständnis, sollten hinterher keine Details abgefragt oder erwartet werden.
- **Viewing for main ideas:** Hier sollte kurz umrissen werden, wie viele Aspekte beobachtet werden können und wie diese notiert werden sollen.
- **Viewing for specific information:** Hier müssen konkrete Angaben gemacht werden, die auch von verschiedenen Gruppen bearbeitet werden können.

Unterstützungs-
angebote
Zur Unterrichtsorganisation gehört auch die **Bereitstellung von Unterstützungsangeboten** in ganz unterschiedlicher Hinsicht (vgl. HENSELER/MÖLLER/SURKAMP 2011, 6). Unterstützungsangebote können in sprachlicher, inhaltlicher oder motivationaler Hinsicht die Arbeit mit Filmen im Englischunterricht erleichtern und strukturieren. Sie können in verschiedenen Phasen des Filmeinsatzes zum Tragen kommen.

Im **Vorfeld** kann über die Filmauswahl (z. B. Kurzfilmformate) in Verbindung mit sinnvollen Vorbereitungsaufgaben in der pre-viewing-Phase (vgl. Kap. 2.1) eine Unterstützung des Hörsehverstehens-Prozesses geleistet werden. Die Aktivierung des Vorwissens bezüglich des Genres, des themenspezifischen Vokabulars und typischer Plotstrukturen ist hier besonders hervorzuheben.

Für die **Filmrezeption** empfehlen sich u. a. die Aufteilung der Beobachtungsaufgabe auf verschiedene Schüler oder Gruppen und die klare Strukturierung der Beobachtungsaufgaben.

Bestimmte Aspekte und Konstellationen im Film sind immer mehr oder weniger im Fokus der Filmbetrachtung und -analyse. Dazu gehören *charac-*

ters, action, camera operations, visual symbols, film music and sound effects. Ausführliche Planungen mit konkreten Untersuchungsfragen rund um diese Aspekte finden sich unter www.filmeducation.org, einer Webseite, die für die detaillierte Unterrichtsplanung zu einzelnen Filmen exzellente Vorschläge macht. Mit Blick auf die Rubriken des *note-taking sheet* (nach TEPE 2004, Abb. 8) kann hier zwischen den *narrative techniques* (characters, action) und den *cinematic techniques* (camera operations, visual symbols, film music/sound effects) unterschieden werden. Für die Unterrichtsplanung ist es wichtig, diese Aspekte einzeln und in ihrem Zusammenspiel im Blick zu behalten. Typische Impulse, die nicht als Fragenkataloge abzuarbeiten sind, sind unten aufgelistet. Die einzelnen Aspekte können in Gruppenarbeit behandelt werden und sollten kontinuierlich eingeübt werden, sodass in einem späteren Schritt das Ausfüllen der *note-taking sheets* (Abb. 8) keine Probleme bereitet. Die Schüler sollten außerdem ermutigt werden, weitere – über den Fragenkatalog hinausgehende – Beobachtungen zu ihrem Bereich zu notieren.

Characters
- How are the main characters presented? Is there anything striking or unusual?
- Describe their physical appearance, their actions, their behavior.
- How does the camera portray the main characters? Think of camera angles and movements.
- What is the characters' relationship to one another? Describe the body language.
- How do the characters communicate? Describe their use of language.

Action
- Describe the setting of the film's beginning.
- How is the setting established? What is the time? Describe the place.
- How is suspense created in the film?
- Is the film "fast" or "slow"? How can you tell?
- Pick different settings from the film and describe how they relate to the film's action.

Camera operations
- How does the camera create atmosphere?
- Are there many different camera shots?
- Do you remember dissolves?
- Is the scene rather hectic? How does the camera influence that?

Visuals
- How is light used to create atmosphere?
- What colours are used? Are there differences between the scenes?
- Describe your visual impressionof scene x or the whole film. Is there anything particularly striking?
- How do camera operations influence the visual impression?
- How does sound influence the visual impression?

Film music/sound effects
- What sounds do you remember?
- Is there any background music at all? What is its function?
- Is this a "loud" film? Why?
- Are there any extraordinary noises?
- Did you realize voice-overs?

Für eine vertiefte Arbeit mit dem Film sollten zudem weitere Hilfsmittel eingesetzt werden (vgl. Henseler/Möller/Surkamp 2011, 6):
- Hilfsmittel sowie **Strukturen zur Kategorisierung** und Ordnung der Beobachtungen *(transformation scaffolds)*, z. B. *film observation sheets* (Abb. 6 und 8), *film prediction charts* (Abb. 14),
- Einsatz von **Vorlagen, Mustern, Textgerüsten** *(production scaffolds)*, die die Textproduktion unterstützen (z. B. Muster für die Erstellung einer *film review*, vgl. Kap. 2.1),
- Thematisierung **filmspezifischer Verstehensstrategien**, z. B. zeitweilige Fokussierung eines Kanals *(sound only oder silent viewing)*, Hilfen zum Umgang mit Nichtverstehen, Konzentration auf „Verstehbares".

Sound only – language support

I heard:

- two/three people talking/yelling at each other/whispering
- the sound of cars, closing doors, breaking glass
- deafening/shrill/squeaking/frightening sounds
- abrupt/unidentifiable noise
- laughter, conversation, sobbing, sneezing

Silent viewing – language support

I saw:

- approximately x characters
- an indoor/outdoor scene
- many different scenes with various protagonists
- intense/pale/bright colours
- hardly any/a lot of action
- many close-ups/long shots

Allgemein gilt für alle Phasen des Filmsehens: Die Bereitstellung sprachlicher Unterstützungssysteme *(language support)*, die Klarheit der Aufgabenstellung und der Einsatz kooperativer Lehrformen haben sich als sinnvoll erwiesen. Filmrezeptionsgespräche müssen nicht automatisch im Frontalunterricht geführt werden. Fragenkataloge, die sich in vielen Lehrerhandreichungen finden, können häufig abgewandelt und für schüleraktivierende Formate genutzt werden. Individuelle Reaktionen können mit *spontaneous film responses* initiiert werden.

Language support als weitere Unterstützung

Spontaneous film responses

After watching a film:

- Write down three characters/words/objects/events you remember from watching the film.
- Jot down three spontaneous questions about the film.
- Make notes on topics you found interesting/sad/surprising/amusing.
- What made you laugh?
- What was most unexpected?
- What did you like/dislike?
- What would you like to tell others about this film? Do not give a summary but write down some personal comments.

- What will you always remember about this film?
- Does the film remind you of other films you have seen before? Which ones and why?
- Would you recommend this film to a friend/your parents/your sister and why (or why not)?

Aus *general film responses* können schüleraktivierende Verfahren entwickelt werden, Gruppendiskussionen entstehen oder kreative Schreibanlässe initiiert werden. Im Anschluss an eine solche Phase können im *close viewing* einzelne Szenen fokussiert werden, die nach den oben genannten Aspekten bearbeitet werden und mit einem *note-taking sheet* (Abb. 8) festgehalten werden oder in ein *observation grid* (Abb. 6) bzw. Sequenzprotokollen (Abb. 5) eingetragen werden. Kreative und schülerorientierte Methoden, mit denen dann gearbeitet werden kann, werden im nächsten Kapitel ausführlich vorgestellt. Ihr Einsatz muss allerdings immer im Kontext einer umfassenden Unterrichtsplanung stehen und sollte nicht isoliert und beliebig erfolgen.

Filmwelten erkunden: schülerorientierte Verfahren

The camera is more than a recorder, it's a microscope.
It penetrates, it goes into people and you see their
most private and concealed thoughts.

(Elia Kazan)

Zugänge zu „Filmwelten" sind beinahe so zahlreich wie Filme selbst. Eine Reihe von fachdidaktischen Publikationen hat in den letzten Jahren Vorschläge hervorgebracht, wie Filme analysiert oder kreativ bearbeitet werden können. Umfangreiche Filmhefte beschäftigen sich mit einzelnen Filmen, kürzere Handreichungen stellen überblicksartig Verfahren vor. Fremdsprachendidaktische Zeitschriften bringen regelmäßig Themenhefte zum Film heraus (vgl. Der Fremdsprachliche Unterricht Englisch 68/2004 und 112–113/2011, Praxis Fremdsprachenunterricht 1/2007).

Dabei stehen häufig entweder thematisch-inhaltliche Einbettungen in den Kontext einer Unterrichtsreihe im Vordergrund oder aber die Überlegung, wie die Prinzipien der Handlungs- und Produktionsorientierung im Filmunterricht umgesetzt werden können.

In diesem Kapitel sollen zunächst unter dem Motto „Learning by Viewing" Methoden im Überblick dargestellt werden, die für die Arbeit mit Filmen häufig genutzt werden.

Anschließend werden mit Blick auf die Wahrnehmungsschulung, die für das Medium Film so eminent wichtig ist, Verfahren fokussiert, die die akustischen und optischen Codes auch in ihrer Abhängigkeit voneinander stärker in den Blickpunkt rücken, denn: das Auge „hört" mit.

Wenn häufig von Filmlesekompetenz die Rede ist, dann muss ähnlich wie bei der Lesekompetenz die Komplexität des Rezeptionskontexts berücksichtigt werden. Daher werden abschließend methodische Ansätze vorgestellt, die besonders die im Englischunterricht sehr beliebte Literaturverfilmung in den Blick nehmen.

2.1 „Learning by viewing": Methoden im Überblick

In der fachdidaktischen Literatur wird vielfach beklagt, dass dem Medium Film trotz seiner weiten Verbreitung nicht immer der ihm gebührende Platz im Fremdsprachenunterricht zukommt. Einerseits wird darauf verwiesen, dass fremdsprachige Filme als unterhaltsame Lückenfüller im Unterricht instrumentalisiert werden und ihr Einsatz vor den Ferien sprunghaft ansteigt, was mit ihrem hohen Motivations- und Unterhaltungspotenzial erklärt wird (vgl. BLELL/LÜTGE 2004, SURKAMP 2004b, THALER 2007a). Ein umfangreiches Methodenrepertoire kommt in diesen Fällen offenbar weniger zum Tragen.

Andererseits gibt es die Tendenz, im Fremdsprachenunterricht hauptsächlich auf Literaturverfilmungen zurückzugreifen – häufig im Anschluss an die Lektüre eines Romans oder Dramas. Methodenvielfalt ist damit auch noch nicht automatisch gesichert. Einfache Text-Film-Vergleiche („Did you prefer the book or the film?") sind wenig originell und führen bei den Lernern auch nicht unbedingt zu einem vertieften Verständnis des Mediums Film.

Die Komplexität filmischer Darstellungsformen und Kommunikationssituationen eröffnet ein großes Spektrum methodischer Zugänge. Mit Verfahren zum Hören und/oder Sehen, Rezeptionsgesprächen, kreativ-produktiven Aufgabenstellungen und sprachanalytischen Aufgabenstellungen auf unterschiedlichen Niveaustufen können ausgewählte fremdsprachliche Teilkompetenzen gezielt gefördert werden (für einen Überblick vgl. BURGER 1995, 596–602).

Filmrezeption ist ein Prozess, bei dem Interaktionen zwischen dem filmischen Text und den Rezipienten stattfinden und nicht nur passive Berieselung, – wenn entsprechende methodische Verfahren dies unterstützen. Der Schritt hin zu produktivem mündlichen oder schriftlichen Sprachgebrauch ist dann nicht mehr groß.

Dem Lernziel der fremdsprachlichen Kommunikationsfähigkeit wird immer dann Rechnung getragen, wenn Filme aktiv rezipiert werden und die Lerner Gelegenheit erhalten, produktiv zu handeln. Die Einbeziehung von *pre-*, *while-* und *post-viewing-activities* – in Analogie zu aus der Literaturdidaktik bekannten Verfahren – kann dazu beitragen (vgl. SURKAMP 2004b, 6 f.).

Auswahl von methodischen Verfahren

Die Auswahl der methodischen Verfahren kann nicht im Sinne einer simplen „Rezeptologie" getroffen werden. Die folgenden Aspekte müssen immer berücksichtigt werden:

- **Inhalte und Thematik des Films**: Passt die methodische Vorgehensweise zum Film? Es macht beispielsweise keinen Sinn, Schüler ein *diary entry* aus der Sicht einer Filmfigur schreiben zu lassen, wenn dies nicht zur Handlung passt oder unüblich im jeweiligen kulturellen Kontext wäre.

- **Ziele des Filmeinsatzes:** Geht es um die Einführung in ein Thema oder um eine filmanalytische Einheit? Liegt die Betonung auf kulturell-landeskundlichen Aspekten oder auf der Schulung des Hörsehverstehens? Entsprechend werden unterschiedliche methodische Entscheidungen zu treffen sein.
- **Voraussetzungen der Schüler:** Das Alter der Schüler, ihre Vertrautheit mit Filmeinsatz generell und ihr sprachliches Niveau sind nicht nur mit Blick auf die Filmauswahl, sondern auch auf die methodischen Entscheidungen zu berücksichtigen.
- **Besonderheiten des Films:** Sprachliche oder auch emotionale Aspekte müssen bei der Methodenauswahl bedacht werden. Für einen Film wie *Schindler's List* (vgl. dazu SCHNEIDER 2000) werden nicht alle Verfahren in Frage kommen, die bei einer Komödie eingesetzt werden. Für die Behandlung von Filmszenen, die kulturelle Konflikte darstellen (z. B. in Filmen wie *Crash* oder *East is East*) müssen angemessene methodische Entscheidungen getroffen werden.
- **Methodische Vielfalt:** Sowohl innerhalb der Stunde als auch übergreifend innerhalb der Unterrichtsreihe sollte auf Abwechslung beim Einsatz von Filmmethoden geachtet werden.

Zur gezielten Vorbereitung des Filmeinsatzes sind – unabhängig von der einzelnen methodischen Entscheidung – drei Überlegungen wichtig, die im Kontext der Unterrichtsvorbereitung immer bedacht werden müssen. *Grundüberlegungen der Unterrichtsvorbereitung*

Zunächst ist der Aufbau einer **Hör-Seherwartung** ganz zu Beginn oder auch in den verschiedenen Phasen sinnvoll, weil er die Filmarbeit vorentlastet. Die Aktivierung von Vorwissen und die Aktivierung einer Erwartungshaltung können auf ganz unterschiedliche Weise erfolgen und sollten abwechslungsreich, gelegentlich auch überraschend gestaltet werden, um Elemente der Spannung, Vorfreude oder Neugier immer wieder in die Stunde zu integrieren. Die Aktivierung von Vokabular, der Einsatz von *advance organizers* („You are going to watch a film about/… that will give you insights into/…") und schließlich einer großen Palette höchst unterschiedlicher *pre-viewing activities* (s. u.).

Weiterhin ist die **Aufgabenstellung** entscheidend für den Rezeptionsprozess. Die Aufforderung, gut aufzupassen, um möglichst viel zu verstehen, ist meist wenig sinnvoll, wenn nicht geklärt ist, worum es beim „Aufpassen" eigentlich gehen soll. Detailverstehen erfordert andere Techniken, Konzentration und Fokussierungsleistung als Globalverstehen. Die Aufgabenstellung trägt so immer zu einer gewissen Vorstrukturierung der Hör-Seh-erwartung der Schüler bei und sollte entsprechend gewählt werden.

Eine Übersicht (THALER 2007b) über unterschiedliche Übungsformen und ihre Zuordnung zu bestimmten Operatoren *(remember, describe, summarize, guess, predict, explain, analyse, cooperate, transform)* erleichtert die Orientierung bei der Aufgabenstellung.

Übungs-Operatoren	Übungsformen
sich erinnern *(remember)*	• Verständnisfragen • Richtig-Falsch Aussagen *(true/false)* • Multiple-Choice-Antworten • Abhaken von Gegenständen (die gehört/gesehen wurden) • Ausfüllen einer Tabelle (Spalten mit *persons/places/actions* oder *Who? What? Where? When? Why? How?)* • Pausetaste: *What did he/she say?*
beschreiben *(describe)*	• Standbild *(freeze frame): What does he look like?* • *silent viewing* (Ton aus): laufender Kommentar zu den Bildern
zusammenfassen *(summarize)*	• Nacherzählung *(class chain:* einer nach dem anderen, jeder nur einen Satz • Auswahl der treffendsten Zusammenfassung aus mehreren Versionen
erraten *(guess)*	• *silent viewing* (Ton aus): *What might the characters say?* • *blind listening* (Bild weg): *What might the visuals look like?*
vorhersagen *(predict)*	• *upside down comprehension* (Fragen zum Inhalt werden *vor* dem Sehen beantwortet, Kontrolle nach dem Sehen) • nach der Eröffnungsszene: *What is going to happen next?*
erklären *(explain)*	• bei der letzten Szene: *What has caused this situation?* • Intention/Botschaft
analysieren *(analyse)*	• kinematografische Techniken (Form und Funktion) • Subtext
zusammenarbeiten *(cooperate)*	• *split viewing* (eine Hälfte sieht und hört den Film, die andere hört ihn nur): Austausch der Informationen
umwandeln *(transform)*	• Collage • Einakter, Kurzgeschichte etc.

Abb. 11: Übungen ohne Vorlage des Transkripts (THALER 2007b)

Schließlich ist es erforderlich, dass der **Zeitrahmen** für die Schüler vor der Filmrezeption klar festgelegt ist. Die Ankündigung der Länge des Filmauszugs ist wichtig, damit die Konzentration sinnvoll „eingeteilt" werden kann. Ein 30-Sekunden-Filmschnipsel wird anders rezipiert als eine

5-minütige Filmpassage. Die jeweilige Aufgabenstellung muss in ihrer Komplexität der Länge des Filmauszugs angepasst und ggf. über die Aktivierung der Hör-Seherwartung zusätzlich strukturiert werden. Die genannten drei Dimensionen sind für die praktische Filmarbeit unerlässliche planungstechnische Grundpfeiler, die auch die Grundlage für die Methodenauswahl darstellen.

Eine umfassende Zusammenschau unterschiedlicher Aufgaben- und Übungstypen findet sich bei Stempleski/Tomalin (2001), die sieben Kategorien unterscheiden:

Unterschiedliche Aufgaben- und Übungstypen

- **About film:** Eine Reihe von Verfahren befassen sich mit Hintergründen der Filmproduktion (z. B. *best film survey, famous film lines, film brainstorm, film trivia quiz, Oscar ceremony*).
- **Working with film clips:** Andere Verfahren fokussieren die Arbeit mit einzelnen Sequenzen (z. B. *complete the timeline, predict the opening scene, roleplaying great scenes*).
- **Creating film-related materials:** Möglich ist auch die Erstellung filmischer Nebenprodukte (z. B. *create a new soundtrack, design the remake, edit your own film, writing film scripts*).
- **Responding to whole films:** Hier geht es um die Arbeit mit Filmen in voller Länge (z. B. *favourite scenes, story frames, story maps, writing film reviews*).
- **Making comparisons:** Die Verfahren widmen sich dem Vergleich zwischen verschiedenen Elementen eines Films oder verschiedenen Filmversionen (z. B. *book to film, comparing film reviews, from subtitles to pictures, original vs. remake*).
- **Focusing on characters:** Hier erfolgt eine Konzentration auf einzelne Personen (z. B. *character interviews, character webs, dear film friend, character posters*).
- **Project work:** Bei diesen Verfahren handelt es sich um zeit- und materialaufwändige Projekte, die von Lernern selbstständig bearbeitet werden (z. B. *film guides, film journals, make a movie magazine, make your own trailer*).

Häufig erfolgt allerdings eine phasenspezifische Einteilung in sogenannte *pre-, while-* und *post-viewing activities*. Diese Einteilung wird in Analogie zur Literaturdidaktik und den hier verwendeten *pre-, while-* und *post-reading activities* vorgenommen. Eine solche Dreiteilung, die sich auch auf andere Kompetenzbereiche erweitern lässt, ist unterrichtspraktisch geschickt, weil sie die methodische Vorgehensweise strukturiert und den unterschiedlichen Phasen während der Filmrezeption gerecht werden kann. In den folgenden Übersichten finden sich u. a. Beispiele aus Surkamp 2004b, Thaler 2010, Sherman 2003, Weissling/Yareman 2001, Baker 2007, Lütge 2012, die hier aber neu systematisiert werden.

Ganz unterschiedliche Aufgabentypen lassen sich innerhalb der *pre-*, *while-* und *post-*Phasen umsetzen: handlungsorientierte und filmanalytische, mündliche und schriftliche Aufgaben, aber auch performative und kreativ-künstlerische Verfahren sowie Hör- und Hörsehverstehensformate oder kommunikativ angelegte Übungen.

Pre-viewing activities

Pre-viewing activities haben vor allem die Funktionen,

- Vorwissen zu aktivieren,
- eine (Hör-/Hör- und Seh-)Erwartung aufzubauen,
- Inhalte oder sprachliche Strukturen vorzuentlasten,
- Verbindungen herzustellen zwischen Bekanntem und Neuem,
- zu motivieren,
- eine kommunikative Grundstimmung zu schaffen,
- auf die spätere Arbeit am Film mit *while-* und *post-viewing activities* vorzubereiten.

Pre-viewing activities sind damit grundsätzlich geeignet, einer passiven Filmrezeption entgegenzuwirken, wie sie beim unvorbereiteten Sehen von Filmen entstehen kann. Insbesondere, wenn es gelingt, in dieser Phase eine kommunikationsförderliche Atmosphäre zu schaffen und die Filmlektüre als „aktiven" Prozess, nicht aber als Berieselung erfahrbar zu machen, ist schon viel erreicht.

Auch das Erteilen von Hörsehverstehensaufträgen gehört in die *pre-viewing*-Phase, nicht nur deshalb, weil sie der Filmlektüre vorausgeht, sondern auch, weil sie bereits die Filmrezeption über eine Aufgabenstellung anleitet und vorstrukturiert.

Hörsehverstehensaufträge können für einzelne Szenen spezifisch formuliert oder als Langzeitbeobachtung konzipiert werden. So können *viewing logs* zu einzelnen Charakteren (Charaktereigenschaften, Hobbies, Vorlieben, Abneigungen, Beruf, Besonderheiten etc.), zu ausgewählten filmanalytischen Elementen (z. B. Einsatz und Auswahl von Musik, Schnitt, Einstellungsgrößen der Kamera, Licht) oder anderen Aspekten des Films angelegt werden.

Listen mit *pre-viewing activities* werden an verschiedenen Stellen genannt (Surkamp 2004b, Nünning/Surkamp 2006, Liebelt 2002). Um die Vielzahl dieser Verfahren etwas stärker zu strukturieren, wird im Folgenden unterschieden zwischen Verfahren, die eher filmspezifische Aspekte fokussieren und solchen, die eher handlungsorientiert-kommunikativ ausgerichtet sind. Eine völlige Trennschärfe ist dabei nicht möglich – und auch nicht unbedingt erstrebenswert.

Pre-viewing activities mit filmspezifischem Schwerpunkt

- **Film-based speed dating:** In jeweils 4 Minuten tauschen sich Partner über ihre Lieblingsfilme aus und begründen ihre Meinung. Sie notieren stichpunktartig die Filme ihrer Partner inklusive Erläuterungen. Im Anschluss erarbeiten sie Kriterien, was einen guten Film ausmacht.
- **Working with stills:** Es wird mit einem Standbild gearbeitet, dabei werden der Vorder- und Hintergrund, die Anzahl der Personen, Objekte, Farben, Tiere, eventuell Perspektive, Kamerawinkel, Licht, Gesichter, Haltungen etc. beschrieben und analysiert, es wird gemeinsam erarbeitet, welche Hintergrundgeräusche und welche Musik zur Einstellung passen würden.
- **Jumbled screenshots:** Die Schüler erhalten auf dem *handout* eine Reihe von Bildausschnitten des – noch unbekannten – Films und sollen diese in eine sinnvolle Reihenfolge bringen.
- **Film poster:** Vor der eigentlichen Filmlektüre arbeiten die Schüler mit dem Filmposter. Dies kann beschrieben werden, man kann über den Inhalt des Films spekulieren lassen. Es können zur Atmosphäre passende Adjektive gesammelt werden.
- **Film trailer:** Vor der eigentlichen Filmlektüre wird der Filmtrailer präsentiert. Die Schüler machen sich Notizen zu Charakteren, Handlungsorten, Soundtrack, Geräuschen. Anschließend notieren sie fünf Fragen an den Film oder fünf Vermutungen zum weiteren Verlauf. Hier sind folgende Variationen möglich: Die Schüler sehen den Trailer ohne Ton und analysieren die visuelle Dimension, oder sie erhalten die Tonspur und analysieren die auditive Ebene.
- **Character profiles:** Bilder der Hauptcharaktere aus einer Filmszene werden betrachtet. Dabei werden die Mimik, Gestik, Haltung, Kleidung sowie das *setting* berücksichtigt. Die Schüler erstellen *character profiles* über mögliche Vorlieben, Abneigungen, Hobbys, Verhaltensweisen.

Pre-viewing activities mit handlungsorientiertem und kommunikativem Schwerpunkt

- **Watch and speculate:** Zu Kurzdialogen, Zitaten oder Szenenfotos spekulieren die Schüler über den Inhalt des Films. Auch nach der Nennung des Filmtitels kann über den Inhalt spekuliert werden.
- **Brainstorming:** Zu Schlüsselbegriffen des Films werden Assoziationen gesammelt, die als Grundlage für Diskussionen oder kreative Ausgestaltungen genutzt werden.
- **Researching film reviews:** Die Schüler recherchieren über Thematik und Inhalt des Films mittels Filmrezensionen im Internet. Sie stellen ihre Ergebnisse in einer Präsentation vor.
- **Film objects:** Die Lehrkraft bringt Objekte oder Bilder von Objekten mit, die für einen Film oder eine bestimmte Filmszene wichtig sind. Die Schüler spekulieren über die Bedeutung der Objekte für den Film und diskutieren in der Klasse darüber.
- **Film interview:** Auf der Grundlage vorausgegangener Informationen über den Film, mitgebrachter Objekte, eines Filmposters oder von Recherchen im Internet interviewen die Schüler die Lehrkraft über den Film. Es muss vorher festgelegt werden, ob Yes-/No-questions gestellt werden oder offene Fragen.

Eine Reihe von Verfahren, die filmspezifische Aspekte und handlungsorientiert-kommunikative Elemente integrieren und das Potenzial haben, **Filmanalyse und Filmerleben zu verbinden**, werden im Folgenden genannt.

- **What's the right perspective?** Die Schüler erhalten in Gruppen kurze Zusammenfassungen einzelner Filmszenen. Sie sollen anhand der an der Tafel befestigten Übersichten zu Kameraperspektiven auswählen, welche Einstellung am besten zu ihrer Szene passt. Auch die Anfertigung eines *storyboard* ist möglich. Im Anschluss begründen die Gruppen ihre Auswahl und diskutieren ihre Entscheidungen.
- **Theme songs:** Eine Anzahl berühmter *theme songs* oder aber verschiedener musikalischer Ausschnitte eines Films werden angespielt. Anschließend werden sie den jeweiligen an der Tafel aufgelisteten Filmen zugeteilt oder als Gesprächsanlass zur Spekulation über einen Filmverlauf genutzt. Die Schüler beschreiben die evozierten Stimmungen, sie können Bilder dazu zeichnen oder Collagen anfertigen und begründen, wie Filmmusik Atmosphäre erzeugt.

- **Character spotting:** Die Hauptcharaktere im Film werden mit Namen und einer kurzen Beschreibung vorgestellt; aus einem Pool von Schauspielern (Foto und Namen) spekulieren die Schüler, wer welche Rolle im Film spielt und ein Held oder Antiheld ist.

Pre-viewing activities zur Vorbereitung auf einen Film sind mittlerweile weit verbreitet. Lehrkräfte nutzen die Möglichkeiten der inhaltlichen und sprachlichen Vorentlastung, das Motivationspotenzial und den Aufbau einer Erwartungshaltung bewusst.

Kritisch anzumerken ist hier aber die mögliche Automatisierung, die wie bei jeder starr-schematischen methodischen Umsetzung droht. Es ist daher zu überlegen, wann ein Abweichen sinnvoll ist, das sogar einen unvermittelten Filmbeginn rechtfertigen mag, um anschließend einer umso gründlicheren filmdidaktischen Vorgehensweise Raum zu lassen.

Didaktische Gegenstrategien, die die Vorhersehbarkeit methodischer Handlungsmuster aufbrechen, können sinnvoll sein, wenn durch einen Überraschungseffekt die Aufmerksamkeit der Schüler gefördert wird. Ob und wann ein Verzicht auf eine *pre-viewing activity* möglich und sinnvoll ist, hängt von verschiedenen Faktoren ab. Der Grad der Vertrautheit der Schüler mit dem Medium Film spielt für die Entscheidung einer „unvorbereiteten" Filmrezeption des Filmanfangs oder einer prägnanten Szene eine wichtige Rolle. Ein gewisses Maß an Filmkompetenz oder zumindest „Filmerfahrung" ist dabei hilfreich.

Aber nicht nur das Ausbrechen aus scheinbar zementierten methodischen Verfahren im Sinne einer Auflockerung des Unterrichtsgeschehens ist hier ein Argument.

Bedenkt man, dass jede *pre-viewing activity* die Filmrezeption vorbereitet, vorstrukturiert oder auch durch die Art der Aufgabenstellung in eine bestimmte Richtung lenkt, weil sie den Aufmerksamkeitsfokus der Schüler beeinflusst, kann ein bewusster Verzicht an dieser Stelle für spontanes und individuelles Schülerfeedback sorgen.

Ähnlich wie *pre-viewing activities* sind *post-viewing activities* weit verbreitet und werden mit ganz unterschiedlicher Zielsetzung (s. u.) eingesetzt. *While-viewing activities* – in Analogie zu *while-reading activities* bei der Arbeit mit literarischen Texten – sind dagegen aus unterschiedlichen Gründen weit weniger verbreitet.

While-viewing activities

Grundsätzlich erfüllen *while-viewing activities* eine wichtige Funktion, indem sie

- Struktur und Gliederung bei der Filmrezeption ermöglichen,
- eine überschaubare Aufgabe innerhalb eines komplexen Geschehens stellen,
- die zielführende, effektive Arbeit am Film ermöglichen,
- individuelle Beobachtungen zulassen.

While-viewing activities stellen allerdings eine besondere Herausforderung dar, weil sie den Rezeptionsprozess unmittelbar begleiten und geschickter Steuerung bedürfen, wenn sie keine Überforderung für die Schüler darstellen sollen, die sich bereits mit dem mehrkanaligen Medium Film in der Fremdsprache konfrontiert sehen. Dazu kommt ein weiteres Problem: Die Phase des *while viewing* wird beim Film – anders als beim *while reading* als literaturdidaktische Aktivität – von der Geschwindigkeit des Films vorgegeben, nicht aber vom eigenen Tempo der Schüler. Dies hat Auswirkungen auf die Komplexität von *while-viewing activities*. Sie sollten in der Regel kurz und präzise und bei einmaligem Sehen erschließbar sein.

While-viewing-Aufgaben können sehr gut in Gruppenarbeit integriert werden. So bietet es sich an, vier oder fünf verschiedene Beobachtungsaufgaben an bestimmte Schülergruppen zu verteilen, um bei einmaligem Vorspielen eines Filmausschnitts eine größere Bandbreite von Rückmeldungen erhalten zu können. Dazu einige Beispiele:
- **character developments:** Einzelne Charaktere werden in ihrer Entwicklung beobachtet, Notizen werden auf einem Beobachtungsbogen gesammelt.
- **filmic devices:** Auffälligkeiten zu den Kategorien *sound, camera operations, lights and special effects* werden gesammelt, „Spezialisten" beobachten gezielt filmische Mittel.
- **topic watch:** Inhaltlich-thematische Beobachtungen, z.B. zur Darstellung interkultureller Begegnungen, einzelner Handlungsstränge in Episodenfilmen (wie z.B. in *Crash*).

Die Ergebnisse der Beobachtungsaufgaben können in der Gruppe ausgetauscht werden. Folgende Variationen sind möglich:
- Gruppen mischen sich neu, jeweils ein „Experte" zu einem Thema trägt andere Aspekte aus der Filmbeobachtung bei.
- Die Expertengruppe zu einem Thema formuliert Quizaufgaben, andere Gruppen müssen diese als Nicht-Experten beantworten, gemeinsam kann dann über Aspekte des Films diskutiert werden, die bei unfokussierter Filmlektüre verborgen bleiben.

Zur Unterstützung der Beobachtungen eignen sich *handouts*, die die Filmrezeption strukturieren helfen und anschließend als Grundlage für die Besprechung dienen. Damit sie während des Filmschauens bearbeitet werden können, müssen sie klar und einfach strukturiert sein. Folgende Aspekte sollten beachtet werden:

- Die *while-viewing activities* müssen sehr global sein, damit die Filmrezeption und ein gelegentlicher Blick auf die Aufgaben parallel möglich sind. Hier sollte den Schülern vorher die Gelegenheit gegeben werden, sich mit den Beobachtungsaufgaben vertraut zu machen, um schnell reagieren zu können.
- Gut geeignet ist ein *„Right or wrong"*- oder *„Tick the right answer"*-Format.
- Visuelle Darstellungen, z. B. *screenshots*, die in die richtige Reihenfolge gebracht werden müssen, können mit Zahlenzuordnungen markiert werden *(jumbled sequences).*

While-viewing activities sollten sparsam eingesetzt werden, da sie leicht zu einer Überforderung der Schüler werden, die sich nicht auf viele Dinge gleichzeitig konzentrieren können. Sie sollten aber auch nicht mit diesem Argument völlig vermieden werden, weil der Rezeptionsprozess durch – entweder sehr globale – oder aber sehr spezifische Fragen beeinflusst und häufig positiv gelenkt werden kann.

Allerdings ist hier nicht immer völlige Trennschärfe zu erzielen, weil *pre-reading activities* gelegentlich schon eine *while-reading activity* mit beinhalten können oder aber die *while-reading activities* auf dem *handout* erst in der sogenannten *post-reading* Phase bearbeitet werden können. Zudem ist manche *while-reading* Phase auch gleichzeitig schon wieder das *pre-viewing* für die nächste Filmszene. Mit einer zu engen Kategorisierung kommt man daher nicht weiter.

Klassische *while-viewing-activities* umfassen Aktivitäten wie diese:

Klassische Aufgabentypen

- einfache Beobachtungsaufgaben mit Strichlisten, z. B. Anzahl der Personen, Tiere etc., Einkreisen oder Unterstreichen von identifizierten Objekten auf einem *handout,*
- Film wird angehalten, Überlegungen zum weiteren Verlauf werden angestellt,
- Filmvorführung ohne Ton *(silent viewing)*: die Schüler spekulieren über den Inhalt und finden einen eigenen Text für die Szene,

- eine Schülergruppe hört Ton, eine sieht das Bild, hinterher wird darüber gesprochen, welche Informationen entnommen werden konnten *(split viewing)*,
- Sequenzen werden unzusammenhängend vorgespielt und müssen in eine Reihenfolge gebracht werden,
- eine Filmsequenz wird zusammenhängend vorgespielt, *screenshots* auf einem *handout* anschließend in die richtige Reihenfolge gebracht,
- Szenenprotokoll zu möglichen Kategorien, wie Handlung/Dialog/Musik und Geräusche/Kameraeinstellung/Schnitt/*mise-en-scène*, Mitschrift anfertigen (entwerfen),
- zuordnen, welche Figur welchen Satz sagt (auf *handout* vorstrukturiert),
- ein unzusammenhängender Dialog oder eine durcheinandergewürfelte Bildfolge wird in die richtige Reihenfolge gebracht,
- eine Sequenz wird im Schnelldurchlauf präsentiert, und die Lernenden notieren so viele visuelle Details wie möglich.

Eine wichtige Ergänzung zu kleinschrittigem *while viewing* sind sogenannte **long-term while viewing tasks**. Dabei werden globalere Beobachtungsaufgaben vergeben, die sicherstellen, dass bestimmte Aspekte, die für den Zusammenhang des Films besonders wichtig sind, nicht übersehen werden. *Long-term-viewing activities* können sehr gut an einzelne Schüler bzw. Schülergruppen verteilt werden, die dann als „Experten" für einzelne Bereiche fungieren. Dabei bieten sich z.B. folgende Aspekte an *(character development, music and sound, a timeline of the main events, special effects)*. Hier ist es empfehlenswert, ein *worksheet* nach jeder Filmvorführung ausfüllen zu lassen und dazu ein paar Minuten Zeit zu lassen.

Ein Vorschlag für eine *long-term viewing task* nach STROHN/RAUSCHELBACH (2010, 28) könnte lauten:

How is person x represented throughout the film? How does he/she develop over time? Fill in the grid while watching the film step by step. You will have some minutes after each viewing session to add your observations. Consider the following questions:
- *Does the representation of _____ differ from what you have observed so far?*
- *How do cinematic devices influence your impression of the character?*

Post-viewing activities

Post-viewing activities können im Kontext bereits erarbeiteter *pre-* und *while-viewing activities* stehen und diese thematisch zu einem Abschluss bringen. Insbesondere dann, wenn mit Beobachtungs- oder Verstehensaufgaben gearbeitet wurde, schließen diese häufig den Bogen. *Post-viewing ac-*

tivities dienen aber oft auch als Sprech- und Schreibanlässe oder greifen die Inhalte des Films auf, ohne dass die Spezifik des Mediums Film dabei näher beleuchtet wird. *Post-viewing activities* können in unterschiedlichen Sozialformen erfolgen, mündlich, schriftlich, performativ oder in künstlerisch kreativer Ausgestaltung. Sie können in komplexen Projekten umgesetzt werden oder arbeitsteilig spezifische Punkte beleuchten. Häufig werden in dieser Phase Verständnisfragen zu einzelnen Details gestellt. Variationen als *right or wrong questions* vereinfachen dies in der Regel; *multiple choice questions* sind eine Option für die schriftliche *post-viewing*-Phase. Allerdings ist ihre Erstellung oft recht zeitaufwändig. Das Zusammenfassen des Inhalts ist traditionell beliebt und kann gezielt mithilfe von Szenenüberschriften, Filmzitaten und Standbildern initiiert werden.

Die Vielfalt der Möglichkeiten ist so groß, dass eine Sammlung solcher Aktivitäten in einer *post-viewing-box* wenig sinnvoll ist, wenn das gemeinsame Merkmal nur noch darin besteht, dass alle Verfahren *nach* der Filmlektüre eingesetzt werden können.

Die folgende Übersicht strukturiert daher in Analogie zur Einteilung der *pre-viewing activities* die Aktivitäten in bestimmte Bereiche vor.

Post-viewing-activities mit filmspezifischem Schwerpunkt

- **Jumbled screenshots:** Die Schüler erhalten eine Reihe von Bildausschnitten, die sie nach dem Sehen in die richtige Reihenfolge bringen und mit filmspezifischem Vokabular beschreiben.
- **Close the gap:** Die Schüler identifizieren Leerstellen im Film, z. B. Ereignisse, die nicht gezeigt wurden, aber stattgefunden haben müssen. Damit wird der Blick dafür geschärft, dass Filme nicht lückenlos erzählen.
- **Identify the scene:** Hier werden Bildausschnitte dem Handlungsverlauf zunächst zugeordnet und dann unter kinematographischen Gesichtspunkten analysiert (welche Kameraeinstellung, welcher Kamerawinkel, wie war hier die Geräuschkulisse?).
- **Analyse your scene:** Wenn vor der Filmlektüre Beobachtungsaufgaben verteilt wurden, wird einzeln oder in Gruppen die Analyse einer Schlüsselszene besprochen. Die Schüler greifen auf ihre *viewing notes* zurück und tragen Stichworte für ihre Analyse zusammen. Sie nutzen dafür filmanalytische Termini, identifizieren Erinnerungslücken und formulieren konkrete *viewing questions*, die sie bei einem weiteren Sehen beantworten möchten.

Post-viewing activities **mit handlungsorientiertem und kommunikativem Schwerpunkt** können u. a. diese Verfahren umfassen:

- **Act it out:** Die Schüler spielen eine Szene als Rollenspiel nach oder stellen sie pantomimisch nach.
- **Alternatives:** Hier werden Alternativen zu Szenen gesucht, z. B. zum Ende des Films, zu Ort und Zeit der Handlung etc.
- **Speech bubbles:** Zu einer ausgewählten Szene schreiben die Schüler innere Monologe oder Gedankenblasen bzw. Sprechblasen.
- **Film poster:** Die Schüler gestalten Filmposter oder Flyer. Sie verfassen einen *blurb* zum Film und integrieren ihn in das Poster.
- **Text transfer:** Die Handlung bzw. einzelne Szenen des Films werden in eine andere Textsorte überführt, z. B. in ein Hörspiel, Comic, Theaterstück, Gedicht, einen Radiokommentar oder Zeitungsartikel.
- **E-Mail:** Die Schüler schreiben an den Regisseur oder an die Schauspieler, um Begeisterung oder Kritik zu äußern.
- **Hot seat:** Die Schüler stellen dem Lehrer oder einem ausgewählten Schülerexperten Fragen zu der Umsetzung bestimmter Filmszenen. Die Schüler begeben sich in die Rolle bestimmter Filmfiguren und beantworten Fragen zu bestimmten Verhaltensweisen, Reaktionen, Gefühlen in ausgewählten Szenen.
- **Ask the actor:** Ein Schüler begibt sich in die Rolle einer Filmfigur, die in einem zum Film passenden Setting interviewt wird.
- **Character cards:** Die Schüler erstellen Profile verschiedener Filmfiguren und schreiben – mit Fiktionen angereicherte – Kurzbiografien ihrer Personen.

Post-viewing activities, **die filmanalytische Elemente und handlungsorientierte Aspekte zusammenbringen,** werden im Folgenden benannt:
- **Interior monologue:** Zu einer ausgewählten Szene schreiben die Schüler innere Monologe, die als *voice-over* in den Film integriert werden könnten.
- **Working with stills:** Filmausschnitte *(stills)* aus einem Film werden zu einen Comic umgearbeitet. Dazu müssen Bildunterschriften und Überleitungen gefunden sowie Gedanken und Sprechblasen erdacht werden.
- **Writing a film review:** Das Schreiben einer Filmkritik, bei der nicht nur subjektive Eindrücke, sondern auch filmanalytische Beobachtungen und die Einzelheiten aus den *viewing notes* mit berücksichtigt werden.
- **Interviews:** Interviews zum Film werden mit dem Regisseur oder den Schauspielern vorbereitet. Die Schüler fragen hier nach filmspezifischen Aspekten.
- **Press conference:** Die Schüler bereiten eine Pressekonferenz als Podiumsdiskussion vor. Schauspieler, Regisseur, Komponist des Soundtracks,

Where and when?
Make some notes immediately after watching the scene.

When does the story take place, in the past, present, or future? How do you know?

Does the film tell you when the strory takes place (year, month, season or day)? If yes, how does it do so?

What time of day does the scene take place? How do you know?

Where does the scene take place (country, region, city, inside, outside)?

What aspects (costumes, music etc.) gave the strongest sense of setting?

Abb. 12: Worksheet: Where and when? (nach STEMPLESKI/TOMALIN 2001, 58)

Kostümbildner, Drehbuchautor/in stellen sich den Fragen der Journalisten und beantworten, warum bestimmte Kamerawinkel häufig vorkamen, begründen, warum bestimmte Kostüme, ein surrealistisches Setting, bestimmte Musik etc. gewählt wurde.

- **Academy Awards:** Die Schüler inszenieren eine Oscarverleihung. Dazu gehört es, Preisreden zu schreiben und zu halten, Filmausschnitte zur Präsentation vorzubereiten und Begründungen für die Preisverleihung anhand der Qualität eines Films zu finden.
- **Storyboards:** Leerstellen in der Narration werden gefüllt, indem die Schüler anhand eines *storyboards* visualisieren, was im Film nicht gezeigt wurde.

Die Drei-Phasen-Einteilung in *pre-, while-* und *post-viewing activities* ist mittlerweile auch in vielen Handreichungen zum Film etabliert. Sie bietet sich häufig an, um der Phasenspezifik des Filmsehens gerecht zu werden und auf strukturierte Weise einen Zugang zum Medium Film zu ermöglichen. In Analogie zu literaturdidaktischen Ansätzen, die *pre-, while-* und *post-reading activities* sehr populär gemacht haben, lässt sich natürlich auch für das Hörverstehen und Hörsehverstehen eine chronologische Vorgehensweise wählen.

Allerdings sollte hier ein mechanistisches Vorgehen vermieden werden, bei dem rezeptartig „Zutaten" aus den gängigen *pre-, while-* und *post-viewing boxes* ausgewählt und gemischt werden.

Neben der Zielsetzung einer abwechslungsreichen Unterrichtsgestaltung, die die Kenntnis verschiedener Verfahren und ihrer Variationsmöglichkeiten voraussetzt, muss der Kontext der jeweiligen Unterrichtsreihe im Vordergrund stehen. Welche Rolle nimmt der Film innerhalb der Unterrichtsreihe ein? Welche Ziele werden verfolgt? Welche Kompetenzen sollen gefördert werden? Welche Inhalte stehen im Blickpunkt? Ohne eine Einordnung in diesen Kontext können methodische Verfahren nicht sinnvoll getroffen werden.

Beispiele für phasenübergreifende Aufgaben

Die folgenden Verfahren lehnen sich an Vorschläge an, die THALER (2010b) im Zusammenhang mit *Film-based Language Learning* vorstellt. Sie sind nicht in eine starre *pre-/while-/post-viewing* Kategorie zu pressen, weil sie teilweise in ganz unterschiedlichen Phasen des Filmeinsatzes zum Einsatz kommen können.

- **Asking the director:** Ein Ausschnitt wird gezeigt, die Schüler notieren sich Why-Questions an den Regisseur. Diese können anschließend als Grundlage für eine Podiumsdiskussion genutzt werden.

- **Dear star:** Die Schüler wählen eine(n) Schauspieler(in) aus und schreiben ihm oder ihr einen Brief oder eine E-Mail. Sie nehmen hier Bezug auf einzelne Szenen des Films.
- **Going beyond the limits:** Die Schüler sehen einen Filmausschnitt und erfinden Vorgeschichten und Fortsetzungen, die dazu passen.
- **My favourite scene:** Die Schüler beschreiben *setting, characters* und *plot* ihrer Lieblingsszene. Daraus lässt sich ein Quiz entwickeln.
- **Remake:** Überlegungen zur Erstellung eines Remake werden gemeinsam oder in Gruppen geplant, einzelne Szenen und deren Ausgestaltung können genauer ausgemalt werden. Besonders reizvoll ist es auch, wenn ein modernes Remake gerade erschienen ist und diese Aktivität als *previewing activity* eingesetzt wird
- **Review:** Die Schüler schreiben eine Filmkritik, veröffentlichen diese im Internet oder vergleichen diese mit Filmkritiken auf Filmportalen. Eine Anleitung dafür liefern STROHN/RAUSCHELBACH (2010):

How to write a review
You are a film critic and write a short review. Make sure you choose a catchy phrase and include the following elements:
– the most important facts of the film (title, names of the director, producer, actors)
– a short summary of the plot
– mention the film's strengths and weaknesses (think of the cast, storyline, structure, music, setting etc.)
– explain the director's intention
– would you recommend the film? Why or why not?

Verfahren, die nicht rein filmspezifisch sind und leicht abgewandelt auch mit literarischen Texten funktionieren, können ebenfalls in verschiedenen Phasen der Filmarbeit eingesetzt werden:

Aufgaben mit literarischen Texten

- **Film dice:** ein großer Würfel mit sechs Satzanfängen an den Außenflächen (I liked …, I disliked …, I didn't understand …, It surprised me …, The best thing …, The strangest thing …) kann als Auslöser für persönliche Stellungnahmen genutzt werden. Diese Methode, die kommunikative Situationen in unterschiedlichen Kontexten auslösen kann, ist auch mit einem normalen Würfel möglich, wenn die Ziffern bestimmten Satzanfängen zugeordnet sind.
- **Question pot:** Die Schüler ziehen jeweils einen Fragezettel. Nach der Filmlektüre müssen sie ihre Frage/Aufgabe beantworten bzw. bearbeiten.

- **Task dice:** Hier wird reihum gewürfelt. Je nach Augenzahl muss eine bestimmte Aufgabe erfüllt werden (Zusammenfassung, Beschreibung, Zitat, Nachahmung, Pantomime, Zeichnen).
- **The story within the story:** Die Schüler entwickeln die Geschichte einer Nebenfigur des Geschehens. Es kann sich um die Lebensgeschichte einer kurz im Bild aufgetauchten Person, um eine Anekdote über einen kaum beachteten Filmcharakter oder um eine erfundene Konversation zweier Statisten handeln.
- **Wishing you were there:** Die Schüler erhalten von der Lehrkraft eine Person des Films zugeteilt, aus deren Perspektive sie anschließend den Filmausschnitt beschreiben müssen.

Standbilder-aufgaben

Die Arbeit mit Standbildern, Szenenfotos oder *screenshots* ist immer wieder hilfreich, um in den verschiedenen Phasen der Filmarbeit ein Element der Ruhe zu gewinnen. Das „Einfrieren" der bewegten Bilder ist geeignet, um den fokussierenden Blick zu üben, der in der üblichen Dynamik des Films schnell vergessen wird. Standbilder können genutzt werden, um

- im Rahmen einer *pre-viewing activity* auf den Film einzustimmen,
- im Rahmen einer *while-viewing activity* das genaue Hinsehen zu trainieren, um den Rest der Filmszene intensiver zu beobachten,
- im Rahmen einer *post-viewing activity* zu identifizieren, aus welcher Szene dieses Standbild stammt und in welchem inhaltlichen Zusammenhang es steht.

Mit Standbildern kann einzeln, paarweise oder als Gruppe gearbeitet werden. Das Beantworten gängiger *Wh-questions* kann dabei ein Einstieg sein:

- *Where are they?*
- *Who are they?*
- *What is their relationship?*
- *What are they doing?*
- *What are they saying?/What are they thinking?*
- *What happened before?*
- *What will come next?*

Das Verfassen eigener *speech/thought bubbles* bietet sich ebenfalls an. Hier sind eine ganze Reihe abwechslungsreicher Varianten möglich:

- Bei zwei Personen auf dem Standbild können sich die Schüler in Partnerarbeit *speech bubbles* ausdenken, die aufeinander abgestimmt werden.

- Bei mehreren Personen im Bild suchen sich die Schüler eine aus, die Ergebnisse werden an der Tafel gesammelt, bzw. *die speech bubbles* dort aufgeklebt.
- Schüler können den Unterschied zwischen den Gedanken und Worten ihrer Personen herausarbeiten, indem widerstreitende *thought* und *speech bubbles* verfasst werden.

Standbilder können ebenso zum Ausgangspunkt für das Verfassen eigener Dialoge oder für szenische Darstellungen genutzt werden.

Neben diesen offenen Formen der Aufgabenstellung sollten eher geschlossene Formate nicht unter den Tisch fallen, denn auch sie haben ihre Berechtigung bei der Anbahnung einer umfassenden Filmkompetenz.

Geschlossene Übung	Beschreibung
Cinematic Devices	Kinematografische Techniken *(camera, montage, angle etc.)* werden identifiziert und beschrieben.
Comprehension Questions	Mündliche/schriftliche Inhaltsfragen überprüfen das *viewing comprehension* der Schülerinnen und Schüler (S).
Describing stills	Standbild *(pause button)*: Personen, Objekte, Beziehungen werden mündlich/schriftlich beschrieben.
English soundtrack & German subtitles	Schüler erstellen zu einer Szene (englischer Ton) die deutsche Synchronisation und vergleichen sie anschließend mit den deutschen DVD-Untertiteln.
Gapped dialogue	Schüler müssen nach dem Sehen einer Szene den mit Lücken versehenen Szene-Dialog vervollständigen.
German soundtrack & English subtitles	Deutsche Synchronisation und englische Untertitel werden an ergiebigen Szenen verglichen.
Lie detector	Der Lehrer trägt ein (schriftliches) *summary* des Inhalts vor, in das bewusst Fehler eingestreut sind. Die S machen Aufzeichnungen oder melden sich durch ein lautes *lie*, sobald sie einen Fehler erkennen, und korrigieren diesen.
Silent subtitles	Bild und Untertitel werden ohne Ton betrachtet. Die Schüler lesen die englischen Untertitel (mit verteilten Rollen) und vergleichen anschließend mit der Originalsprache.
True or false	Das Sehverstehen wird mithilfe von *right/wrong statements* überprüft.
Who said what?	Bei dieser *matching exercise* müssen die Schüler ausgewählten Filmzitate die entsprechenden Charaktere zuordnen.

Abb. 13: Geschlossene Übungen (THALER 2007a)

2.2 Das Auge „hört mit": wahrnehmungsschulende Verfahren

Filme zeichnen sich durch die Plurimedialität ihrer Darstellungsformen aus. Das bedeutet, dass neben sprachlichen auch außersprachlich-akustische und optische Codes eine wichtige Rolle spielen. Geräusche, Musik oder gesprochene Sprache ergänzen dabei den visuellen Eindruck, verstärken oder verfremden ihn möglicherweise. Manchmal wird so die Kopplung akustischer und optischer Codes zu einer Herausforderung für Fremdsprachenlernende. Obwohl der Film seit mehr als 80 Jahren über eine Tonspur verfügt, wird er immer noch als ein primär visuelles Medium betrachtet – auch im Fremdsprachenunterricht.

Plurimedialität als besondere Herausforderung Filme stellen in ihrer Verbindung von Bild und Ton besondere Herausforderungen an die Zuschauer (vgl. dazu HICKETHIER 2001). Sie sind aber so gegenwärtig, dass sie nicht unbedingt schwierig erscheinen. Dennoch muss die Wahrnehmungsschulung speziell geschult werden, und zwar nicht nur einseitig mit Blick auf die Sprache, sondern auch auf die außersprachlichen Darstellungsformen, die die Lerner zum umfassenden Filmverstehen befähigen.

Es ist wichtig, mit wahrnehmungsschulenden Verfahren im Fremdsprachenunterricht die fremdsprachliche Filmlesekompetenz gezielt zu fördern. Die Schüler sollen dabei für ein integratives Hörsehverstehen sensibilisiert werden. Dabei sind Gelegenheiten entscheidend, Seh- und Höreindrücke in möglichst kreativer, handlungs- und produktionsorientierter Weise zu versprachlichen. Zwei Überlegungen müssen berücksichtigt werden:

- Für die Wahrnehmungsschulung ist ein früher Beginn wichtig. Die Lerner müssen von Anfang an mit – zunächst ganz einfachen – Aufgaben für eine umfassende Wahrnehmung unterschiedlicher filmischer Darstellungsformen sensibilisiert werden.
- Eine Berücksichtigung der visuellen und akustischen Dimension ist wichtig, um die einseitige Konzentration auf die Sprache zu vermeiden und weitere, häufig verstehensförderliche Elemente visueller oder auch außersprachlich-akustischer Codes sinnvoll nutzen zu können.

Sollen Filme also umfassend – mit Augen und Ohren – rezipiert werden, dann müssen die Elemente, die die Rezeption erschweren können, bewusst berücksichtigt werden, wie z. B. schnelle Schnittfolgen, musikalische Untermalung, laute Nebengeräusche, schnelle Unterhaltungen u. Ä. Insbesondere die akustische Dimension spielt eine große Rolle, denn die (fremde) Sprache, die Geräusche und die Musik verdichten sich gemeinsam zu einem

Höreindruck, der die Art, wie wir Filme sehen, immer mitbeeinflusst (vgl. LÜTGE 2008a). Das Auge „hört" immer mit, wenn Filme rezipiert werden, sodass nur im Zusammenspiel von Auge und Ohr das eigentliche Potenzial fremdsprachlicher Filme wirklich erfasst werden kann. Was heißt das konkret? Um mit der Komplexität der Sinneseindrücke zurechtzukommen, sollten verschiedene Aspekte berücksichtigt werden.

Gelegentlich muss komplexitätsreduzierend vorgegangen werden, um die Filmlesekompetenz allmählich und behutsam zu entwickeln. Verfahren, die einzelne Parameter in den Blickpunkt stellen (Filmmusik, Kameraperspektiven, Geräuschkulissen etc.), sollten spezifisch fokussiert und in den Blick genommen werden. Zwei Verfahren sind hier besonders beliebt, nämlich das „viewing only" und „sound only", die beide in vielfachen Variationen eingesetzt werden können und die Grundlage wahrnehmungsschulender Verfahren allgemein darstellen. Die – zeitweise – Trennung von Bild- und Tonspur kann die Schüler für die Filmrezeption besonders sensibilisieren.

Viewing only – „Stilles" Sehen
Eine Szene zunächst ohne Ton zu betrachten, gehört zu den bekannten *previewing activities.* Schüler können darüber spekulieren, worum es in der Szene geht und Vorschläge für eine akustische Untermalung machen. Die folgenden Leitfragen sind denkbar:

Wahrnehmungs-schulende Verfahren

- *Watch the scene carefully. Is it loud or silent?*
- *What are the people talking about?*
- *Is music part of the scene?*
- *What instruments can you "hear"?*
- *Are there other noises? Why are they part of the scene?*

Aus der Vielzahl zumeist unterschiedlicher Vorschläge können sich viele Sprechanlässe ergeben. Die anschließende Überprüfung am Original wird zudem mit größerer Spannung stattfinden, kann möglicherweise sogar kritisch diskutiert werden. Die Schüler schreiben spontan auf, welche Geräusche sie „hören" oder füllen ein vorbereitetes Arbeitsblatt aus. Mögliche Aufgabenstellungen können nach STROHN/RAUSCHELBACH (2010, 31) so aussehen:

- *Listen carefully while watching the film to find out about the relationship between the visual and the auditory elements.*
- *Which songs and sounds do you come across? Are there any recurring themes or motifs you notice throughout the film?*
- *In what instances or in connection with which character are they used? Most importantly: What are some possible effects of the soundtrack?*

- *Please fill in the following grids while watching the film step by step. You will have approximately 5 minutes after each viewing session to exchange your findings with your group members and to write down additional information.*

Sound only: Filmszene „hören" ohne Bild
Auch der umgekehrte Zugang ist beliebt. Da sich Sprache, Geräusche und Musik häufig überlagern, kann man die Schüler gezielt auf einzelne Aspekte achten lassen. Besonders dann, wenn die Filmszene sprachlich schwer zu verstehen ist, ergeben sich aus der Diskussion um Musik und Geräusche möglicherweise Überlegungen dahingehend, ob es sich um eine romantische Liebesszene oder um ein Kriminalszenario handelt. Dies lässt sich auch schon mit jüngeren Fremdsprachenlernern ausprobieren. Die Fragestellung „Listen to the film, what do you see?" als Annäherung an die auditive Seite des Films kann auch zu kreativen Lösungen führen.

Changing impressions: visuelle und akustische Alternativen
Fortgeschrittene Lerner, die vertraut sind mit methodischen Zugängen wie den oben genannten, können nach Alternativen suchen: welcher akustische oder visuelle Impuls würde die betrachtete Szene völlig verändern, sie ins Gegenteil verkehren oder ihr eine andere Stoßrichtung geben? Ein wichtiger Schritt in Richtung *film literacy* kann so auf schüleraktivierende Weise erfolgen.

Cross-sensual noticing: Bewusstmachung des audiovisuellen Eindrucks
Mit Lernern aller Altersgruppen kann die Bewusstheit für unterschiedliche audiovisuelle Effekte geschult werden. Dazu können Geräuschprotokolle angefertigt werden. Überlegungen, wie visuelle und akustische Effekte zusammenpassen, sind dafür von zentraler Bedeutung.
- *How can silence be represented in a film? Think of the setting, camera positions, colours and other filmic devices.*
- *Which effects make a film "loud"? How do colours, cuts and lighting influence this audioimpression?*

Wichtig ist die Wahrnehmungsschulung von Anfang an. Bereits mit jüngeren Schülern können im Rahmen von Hör- und Hörsehverstehensübungen einfache Beobachtungsaufgaben in den Unterricht eingebaut werden. Wenn die Schüler sich vom Bildschirm abwenden (bzw. ein Teil der Klasse), können eine Reihe von Aufgabenstellungen – auch in Kombination miteinander oder in kompetitiver Weise – zum Einsatz kommen:

- Wie viele Personen sprechen?
- Findet die Szene drinnen oder draußen statt?
- Welche Geräusche hört man noch? (Autos, zuschlagende Türen etc.)
- Das Enträtseln von sehr geräuschintensiven Szenen ohne gesprochene Sprache regt zum genauen Hinhören an. Was könnte der Kontext dieser Filmszene sein, welche Bilder passen dazu?
- *Listening for details:* hier kann die Aufgabenstellung entweder von der Lehrkraft vorgegeben werden (die Schüler können sich auch eine Höraufgabe aus einer Liste aussuchen), oder die Schüler suchen beim „Filmhören" bewusst nach einem Detail, zu dem sie anschließend die anderen befragen. Hier wäre es das Ziel, auf Kleinigkeiten zu achten, die sonst niemand bemerkt hat. Das spornt das genaue „Hinhören" besonders jüngerer Schüler enorm an.

Gelegenheit für akustische Realisierungen lassen sich auch über das Vertonen eines Standbildes oder das Entwerfen einer passenden Geräuschkulisse nach Betrachtung eines Filmposters finden.

Variationen sind über das Einbeziehen der – englischen – Untertitel möglich. So kann der Ton abgeschaltet und der Film von allen Schülern angesehen, aber ohne weitere Geräusche rezipiert werden. Das Einblenden der Untertitel dient der weiteren Orientierung zum Inhalt. Überlegungen zur Vertonung der auditiven Spur können dann auf einer eindeutigeren Grundlage angestellt werden.

Um das Zusammenspiel der „Audiovisionen" genauer zu betrachten, ist die Einbeziehung der Filmmusik eine gute Möglichkeit (vgl. SURKAMP 2010c, BLELL/LÜTGE 2012).

„Um auch Filmmusik verstehensstützend für eine sprachhandlungsorientierte Arbeit mit Film zu nutzen, sollte die Entwicklung bewussten Sehens unbedingt durch eine bewusste und differenzierende Hörschulung (concentrated hearing) sowie durch eine Hör-Seh-Schulung ergänzt werden."

(BLELL/LÜTGE 2012)

Filmmusik, häufig Instrumentalmusik, kann unterschiedlich wirken und   *Filmmusik*
Gefühle evozieren, Aufmerksamkeit erzeugen oder Assoziationen auslösen. Filmmusik kann explizit an filmische Vorerfahrungen anknüpfen und zur Aktivierung und auch speziell zur szenischen Gestaltung genutzt werden (vgl. BLELL/LÜTGE 2012). Bekannte Filmmusik regt die Visualisierung von Szenarien an und erzeugt dadurch starke Impulse, die für spontane Sprech-

Allgemein lässt sich sagen: Mit Filmmusik wird Atmosphäre geschaffen, werden Emotionen erzeugt. Etwas präziser lässt sich das folgendermaßen fassen:

Emotionen/ Atmosphäre

Funktionen von Filmmusik	Beispiele
Gefühle evozieren	Grundstimmung einer Filmsequenz primär durch Musik bestimmt, „Einfühlung" in das Bild durch Musik (empirisch kaum erforscht)
Kontinuität unterstreichen	Visuelles Diskontinuum durch Geräuschatmosphären, Gegengewicht zur diskontinuierlichen Erzählweise der Bildspur
Bild irreal machen	(Bild-Ton-Schere) visuelle und auditive Eindrücke „widersprechen" einander
Karikieren, parodieren	Kommentierung des filmischen Geschehens durch den Regisseur, Über-/Untertreibung, Vergleich, Anspielung in bewusster Verstärkung der Bild-/Tonschere
Aufmerksamkeit erzeugen/ lenken	„Attention getter", Strukturierung des Erzählflusses, Unterstützung bestimmter visueller Reize aus der komplexen Bildschicht
Intensivierung	(Überhöhung, Verfremdung) visuelle Eindrücke können so verstärkt werden

Abb. 14: Funktionen von Filmmusik (BLELL/LÜTGE 2012)

Die Lehr- und Lernziele für die Beschäftigung mit Filmmusik im Fremdsprachenunterricht können nach SURKAMP (2010c) wie folgt zusammengefasst werden:

- Förderung des wichtigen genauen, bewussten Hörens,
- Förderung der Hörfähigkeiten in Bezug auf Filmmusik,
- Ausbildung eines komplexen Hör-/Sehverstehens durch das Erkennen von Musik als ein Gestaltungsmittel von Filmen, das bestimmte Funktionen und Wirkungen erfüllt,
- Entwicklung eines kritischen Bewusstseins über die Manipulationsmöglichkeiten von Musik,
- Förderung und Reflexion der emotionalen Filmverarbeitung.

Die folgenden Aufgabenstellungen rücken den Fokus auf die Filmmusik (SURKAMP 2010c, 284):

- *Identify the music used in scene x and comment on its significance.*
- *What does the director achieve by using this kind of music?*

- *Describe the function of music in scene x.*
- *What impressions can music impose upon the viewer? What might have induced the filmmaker to choose these pieces of music for the situation in which they occur?*
- *What kind of sensation is evoked by the music in scene x in the viewer/listener? How and what did you feel when listening to this scene?*

Wahrnehmungs-
differenzierung

Emotional-affektives Hören sollte durch gezielte Aufgabengestaltung kognitiv ausdifferenziert werden. Dies schließt einen entsprechenden Wortschatzaufbau ein (vgl. *language support*). Verfahren mit einer Trennung der Wahrnehmungsmodi (*sound only/viewing only*) einerseits und gekoppelten Hör-Seh-Aufgaben andererseits sollten sinnvoll kombiniert werden. Die Wahrnehmungsdifferenzierung sollte durch

- anfangs eher sprachlose Erkennensleistungen (z. B. *matching exercise, scene drawing, draw instruments*) trainiert
- und um sprachhandlungsorientierte Tätigkeiten erweitert werden (z. B. *scene-writing, comment, give reasons, name instruments*).
- Auch Eigenproduktionen von Filmmusik (instrumentell bzw. computertechnisch improvisierend) können Bildwahrnehmung und assoziative Verarbeitung vertiefen (vgl. BLELL/LÜTGE 2012).

Language support (nach TEPE 2004 und LIEBELT 2002)

Music:
- I could hear background music/instrumental music, a singer
- There was a simple/pleasant/catchy melody
- I think I heard a repeated chorus/a repetitive bass line/a simple/ complicated rhythm
- The mood of the lyrics is aggressive/bitter/sad/relaxing/calming/ soothing/romantic/youthful
- The music in scene x reflects the relationship between A and B
- The use of image and sound was synchronic/asynchronous

Sounds:
- There were strange noises I could not identify
- I heard someone talking to/shouting at each other
- It sounded as if …
- Sounds and images created suspense/did not match each other

Voices:
- The actors speak clearly/talk too fast
- The pictures helped me understand the story-line
- The voices were muffled/subdued/almost inaudible

2.3 Filme lesen – Texte sehen: Literaturverfilmungen

Im Fremdsprachenunterricht sind Literaturverfilmungen traditionell beliebt und werden häufig nach, zunehmend aber auch parallel zu der Lektüre eines literarischen Textes eingesetzt. Unverzichtbar ist für ihre Diskussion im Englischunterricht die Verknüpfung der Beschreibung der spezifischen Gestaltungsmittel eines Films mit der Frage nach ihrem Bedeutungs- und Funktionspotenzial. Das bedeutet, dass es nicht bei einer rein inhaltlichen Diskussion bleiben sollte, für die der literarische Text oder Film lediglich den Anstoß gibt.

Insbesondere die Auseinandersetzung mit unterschiedlichen Verfilmungen einer literarischen Vorlage ist dazu angetan, eine Vielzahl möglicher Deutungen vor Augen (und Ohren) zu führen. Bei Stoffen, die mehrfach verfilmt wurden – beispielsweise bei Shakespeare-Verfilmungen – kann durch kontrastive Filmanalyse nicht nur an medienspezifischen Unterschieden gearbeitet, sondern auch ein Blick zurück auf den Text in seiner Vielschichtigkeit bzw. Perspektivenvielfalt geleistet werden (vgl. LÜTGE 2008b).

Der Literaturverfilmung wird häufig ein großes Motivationspotenzial zugeschrieben. Dass sie sich geradezu als Dauerbrenner in den Klassenzimmern etablieren konnte, hängt sicher mit der Annahme zusammen, dass Schüler und Lehrer sie ansprechend finden und abwechslungsreiche Zugänge zur Literatur ermöglicht werden durch eine große Vielfalt an methodischen Verfahren.

Die Legitimation des Filmeinsatzes im Fremdsprachenunterricht erfolgt häufig auf dem Umweg über literaturdidaktische Ziele. Nach der Lektüre eines literarischen Textes wird der Film gern als Vergleichsmedium hinzugezogen, steht dann aber oft im Schatten des literarischen Textes. Inhaltliche und formale Auseinandersetzungen mit dem Film als eigenständigem Kunstwerk können so zu kurz kommen (vgl. BLELL/LÜTGE 2004). Die Dominanz der Literaturverfilmung (vgl. BURGER 1995, 602 ff.) im Fremdsprachenunterricht wird insbesondere aus medien- bzw. filmwissenschaftlicher Sicht kritisiert, weil die ästhetische Beurteilung eines Films nicht abhängig von der Auseinandersetzung mit einem literarischen Werk ist.

Film als Vergleichsmedium

Mittlerweile finden sich auch Spielfilme ohne literarische Vorlage im Fremdsprachenunterricht *(feature films)*. Die kritische Distanz gegenüber der Gattung Spielfilm, die gelegentlich mit einem akademischen Unbehagen gegenüber den vermeintlich trivialen „Medienerzeugnissen der Populärkultur" (DONNERSTAG 1994, 117) begründet wird, ist deutlich im Wandel begriffen. Dennoch: Literaturverfilmungen nehmen nach wie vor einen großen Raum ein, besonders im (Literatur-)Unterricht der Oberstufe.

Die Arbeit mit Literaturverfilmungen bietet viele Vorteile:

- Schüler und Lehrer empfinden die Möglichkeit der Kontrastierung häufig als Bereicherung des Unterrichts. Die Aussicht darauf, den Film während oder nach der Textlektüre sehen zu können, wirkt an sich schon motivierend.
- Eine Reihe von abwechslungsreichen methodischen Verfahren ist durchführbar. Text – Film – Text-Sequenzen im Wechsel sind möglich; sie können die Aufmerksamkeit für die unterschiedlichen Medien stärken und unterstützen.

Eine große Herausforderung besteht darin, die Verfilmung als *eine* mögliche Interpretation des Textes zu sehen, um bei den Schülern das Verständnis dafür zu wecken, dass es keine Eins-zu-Eins-Transformation einer literarischen Vorlage in einen Film geben kann.

Eine Literaturverfilmung als eine von vielen möglichen Lesarten des Textes bietet sowohl für die Entwicklung literarischer Kompetenzen als auch für die Entwicklung von Filmkompetenz ein großes Potenzial.

Folgende grundsätzliche Aspekte müssen bei der Arbeit mit Literaturverfilmungen immer bedacht werden:

- Es sollte vermieden werden, dass der Film das Lesen an den Rand drängt und uninteressant macht. Das Lesen der literarischen Vorlage sollte nicht als notwendiges Übel gesehen werden, das der (eigentlich interessanten) Filmlektüre vorausgehen muss.
- Ebenso sollte der oft geäußerte Einwand „Das Buch war aber besser" reflektiert aufgegriffen werden. Ein Verständnis dafür, dass Narration im literarischen Text anders funktioniert als im Film, muss sich erst entwickeln. Die Wahrnehmung eines Films als eigenständiges Kunstwerk sollte in allen Phasen der Filmarbeit unterstützt werden.

Methodische Verfahren   Eine Reihe methodischer Verfahren für einen modernen fremdsprachlichen Literatur- und Filmunterricht, die die Spezifik der Literaturverfilmung sowohl aus dem Blickwinkel der Adaption als auch der Kreation (in Anlehnung an KÖTTER/WAGNER 2001) bedenken, fokussiert dabei auf das Wirkungs- und Funktionspotential der verschiedenen Medien (z. B. SURKAMP 2009). Zentral für die Arbeit mit Literaturverfilmungen und konstitutiv für das didaktische Potenzial ist der Prozess des Imaginierens der visuellen Umsetzung eines narrativen oder dramatischen Textes, der immer Aspekte der Adaption und auch Kreation vereinen muss. Die Frage, wie eine literarische Vorlage für die Leinwand transformiert werden kann, führt immer wieder zu Diskussionen um den Aspekt der „Werktreue" (vgl. GYMNICH 2009) und spiegelt sich in einer Reihe methodischer Verfahren.

Pre-viewing activities wie Überlegungen zur Auswahl der Schauspieler, zur Straffung, Auslassung oder Umstellung bestimmter Stellen, zur musikalischen Untermalung oder Gestaltung des Filmanfangs bzw. einzelner Figuren und Dialoge sind dazu angetan, nicht nur die Erwartungshaltung für die „Ver"-filmung zu steigern, sondern auch die Würdigung des Films als künstlerisches Produkt mit eigener Ästhetik zu fördern.

Um dies angemessen umsetzen zu können, muss der Einsatz von Lese- und Sehphasen geschickt geplant werden. Folgende Möglichkeiten sind denkbar:

Möglichkeiten für Lese- und Sehphasen

- **From book to film:** Klassisch wird zunächst die literarische Ganzschrift gelesen und der Film im Anschluss gesehen, häufig im Block. Die Verfahren zum Filmeinsatz werden dann unter dem Eindruck der vollständigen Kenntnis der Textvorlage konzipiert und bearbeitet.
- **From film to book:** Seltener wird der Film quasi im Rahmen einer *pre-reading activity* vor der Lektüre der Ganzschrift gesehen. Man kann argumentieren, dass die Lesemotivation dadurch sinkt und die Schüler schon mit „fertigen" Bildern im Kopf an den literarischen Text herantreten. In Fällen, in denen mehrere Filmversionen existieren, ist es aber durchaus denkbar, die Textlektüre „sandwichartig" zwischen zwei Filmlektüren zu legen – etwa zwischen eine bekannte und eine wenig bekannte, eine ältere und eine moderne Verfilmung. Zudem gibt es einige Fälle von „Filmverbuchungen", in denen auf der Grundlage eines Films eine spätere Textversion verfasst wurde. Gerade in solchen Fällen ist eine Umkehr der üblichen Reihenfolge (erst lesen, dann schauen) durchaus sinnvoll. Eines der bekanntesten Beispiele ist *Dead Poets' Society*. Der Film von PETER WEIR (1989) wurde von NANCY KLEINBAUM auf der Grundlage des Drehbuchs von TOM SCHULMAN zu einem „movie tie-in" bearbeitet, das auch in deutschen Schulen viel Beachtung gefunden hat und häufig in der 10./11. Jahrgangsstufe eingesetzt wird.

- **Book-film-sandwiches:** Der Wechsel zwischen Buch und Film wird häufig praktiziert und ist in vielen Variationen denkbar:
  - Der Anfang des Textes wird gelesen (erste Szene, erstes Kapitel), anschließend wird der Beginn des Films vergleichend betrachtet. Häufig sind hier große Unterschiede zu beobachten, weil der Filmbeginn dramaturgisch anders gestaltet wird als in einem literarischen Werk. Die Filmlektüre schließt sich hier immer einer Textlektüre an.
  - Der Anfang des Textes wird gelesen, nach Spekulationen über den weiteren Verlauf wird dann eine Filmsequenz betrachtet. Ein weiterer Wechsel zwischen Buch- und Filmsequenzen ist grundsätzlich möglich, sollte aber nicht zu kleinschrittig erfolgen. Durch Auslassungen oder dramaturgische Veränderungen im Film ergibt sich nicht immer eine Übereinstimmung in der Chronologie. Es muss zudem entschieden werden, ob das literarische Werk auf jeden Fall ganz gelesen werden soll oder auch mehrere Kapitel übersprungen und durch die i. d.R. „schnellere" Filmlektüre ersetzt werden. Dies kann dann zweckmäßig sein, wenn keine vertiefte Textlektüre nötig ist oder eine größere Zahl von Texten und Filmen zum Einsatz kommen sollen.
  - Eine Filmszene wird zum Einstieg gezeigt. Hier kann es sich um den Anfang oder auch um eine Schlüsselszene oder um den Filmtrailer handeln. Nach ersten Diskussionen, Spekulationen und Kommentaren schließt sich dann die Textlektüre an. Zum Abschluss wird dann der ganze Film *en bloc* präsentiert. Die Kommentare oder Erwartungen vom Anfang werden dabei abschließend kritisch überprüft. Alternativ können auch hier zwischendurch weitere Filmausschnitte zu bestimmten Szenen betrachtet werden.

Ergänzt werden können weitere methodische Varianten, z. B.
- der Vergleich mit unterschiedlichen Verfilmungen (während, vor und nach der Textlektüre),
- die Arbeit mit Bonusmaterial und Filmpostern (ergänzend, häufig als *pre-* oder *post-viewing activity*),
- die Arbeit mit einzelnen Szenen sehr populärer Verfilmungen auf *Youtube* (denkbar in allen Phasen, hier aber besonders auch für die Gruppenarbeit oder für häusliche Vorbereitung geeignet),
- die Kombination mit dem Filmscript (für vertiefte Einblicke in den Entstehungsprozess eines Films, abwandelbar für viele kreative Verfahren).

Für eine kombinierte Arbeit mit Text und Film sind Literaturverfilmungen geeignet, die einen engen inhaltlichen Bezug aufweisen. Wenn Überlegungen zum Medienwechsel selbst im Vordergrund stehen, ist die Film-auswahl mit Blick auf filmtechnische Besonderheiten zu treffen, was insbesondere bei Stoffen, die mehrfach verfilmt worden sind, wichtig zu beachten ist.

Beliebte Verfahren (nach SURKAMP 2004b) umfassen Aktivitäten wie:
- nach Problemen für die Verfilmung eines literarischen Textes suchen,
- Szenen auswählen, die sich besonders gut für eine Verfilmung eignen,
- entscheiden, welche Schauspieler für einzelne Rollen in Frage kommen,
- Ideen finden für die Gestaltung des Filmanfangs,
- einen schriftlichen Dialog der Vorlage bearbeiten mit Blick auf die au-diovisuelle Ausgestaltung,
- eine literarische Vorlage umsetzen in ein *storyboard*,
- einen *trailer* zum Film entwerfen.

Literarische Texte und ihre Verfilmungen zu vergleichen, ist eine an-spruchsvolle Aufgabe. Die Kombination der Medien muss durch einen ge-schickt eingesetzten Medienwechsel begleitet werden. Verschiedene Ler-nertypen sollen angesprochen und unterschiedliche Kompetenzen entwickelt werden. Dies erfordert auf Seiten der Lehrkräfte einen Metho-deneinsatz, der flexibel handhabbar sein muss. Als tendenziell schwierig sind Diskussionen über die „Werktreue" einer Literaturverfilmung zu be-urteilen, wenn sie in simplifizierender Weise zu Fragen führen wie: „Which one is better, the film or the book?" Ohne eine Berücksichtigung der Me-dienspezifik und der jeweiligen Darstellungsformen führt dies in der Regel nicht zu tiefschürfenden Einblicken.

Medienvergleich erfordert flexiblen Methodeneinsatz

Will man nicht Äpfel und Birnen vergleichen (VOLK 2004, 44), dann müs-sen zunächst einmal die Relationen betrachtet werden, um die es bei einem Vergleich der filmischen Adaption mit ihrer literarischen Vorlage über-haupt geht. Die unterschiedlichen semiotischen Voraussetzungen zwischen Literatur und Film machen den Vergleich allerdings viel komplizierter, u. a. deswegen, weil die sprachliche Prädikation abstrakter Merkmale direkter ist als ihre kinematografische Umsetzung.

Die folgenden Kategorien – und dazu passende Fragen – sind hier zu nennen:
- Analogiebildung: Sind das Personeninventar und der Geschehensablauf gleich?
- Kürzung: Fallen Nebenpersonen oder einige Handlungsabläufe weg?
- Ergänzung: Werden zusätzliche Personen eingefügt?
- Ersetzung: Wird eine Person durch eine andere ersetzt?

- Umstellung: Werden die Merkmale einer Person auf eine andere übertragen?
- Integration: Übernimmt eine Person die Funktion mehrerer Personen?

Nicht alle der genannten Aspekte sind bei jeder Literaturverfilmung anzuwenden. Doch welche Verfahren haben sich für den Englischunterricht bewährt? Eine Reihe von Anregungen finden sich bei WOLF LIEBELT (vgl. unten).

- *How does the film/text begin?*
- *How does the film/text end?*
- *From whose point of view is the film (the text) told?*
- *In which way are the thoughts of individual characters expressed in the film (story)?*
- *In comparing the film and the short story (novel, play) that it is based on: did you notice any*
  - *expansions*
  - *omissions*
  - *deletions*
  - *simplifications*
  - *shifts of emphasis?*
- Why was the scene
  - *added?*
  - *expanded?*
  - *omitted?*
  - *simplified?*
- *Does the film make any quantitative and/or qualitative changes?*
- *Are passages of dialogue added? Why?*
- *Is this film a faithful transposition of the short story (novel/play)?*
- *What is a faithful transposition?*

(Vgl. LIEBELT, www.nibis.de/nli1/bibl/pdf/tfm06.pdf)

Es ist wichtig, den Lernern zu vermitteln, dass es zwischen filmästhetischen Ausdrucksmitteln und deren Funktionen keinen eindeutigen Zusammenhang gibt, also kein *form-to-function mapping*, bei dem ein bestimmter Darstellungsmodus mit einer immer gleichen Bedeutung korrespondiert (vgl. NÜNNING/SURKAMP 2006, 261). Eine spezielle Kameraeinstellung, Musik oder Ausstattung der Filmszene steht immer im Zusammenhang mit dem Gesamtgeschehen und kann nicht isoliert betrachtet werden. Um ein Verständnis für die Ästhetik des Mediums Film – auch im Verhältnis zum literarischen Text – zu entwickeln, ist dieser Zusammenhang sehr wichtig. Zusammengefasst geht es darum,

- Literaturverfilmungen als eigenständige ästhetische Kunstwerke kennenzulernen,
- die Betonung auf den parallelen Einsatz beider Medien zu legen,
- das Kriterium der Werktreue nicht wertend, sondern nur beschreibend zu thematisieren,
- eine Literaturverfilmung als eine Lesart des verfilmten Werkes zu erfahren.

Zum Einstieg in das Thema Literaturverfilmungen sind auch allgemeine Überlegungen sinnvoll, die nicht auf einen bestimmten Buch-Film-Vergleich fokussieren.

Didaktisch reizvoll ist die Frage nach grundsätzlicher Unverfilmbarkeit von Elementen eines literarischen Texts. Dies führt zu der Überlegung, wie die audiovisuelle Transformation eines Textes eigentlich funktioniert und mit welchen Schwierigkeiten die Übersetzung eines literarischen Textes in eine filmische Darstellung immer konfrontiert ist.

Mit folgenden Impulsen lässt sich in die Thematik einsteigen:

- *Think of books you have read so far. Is there anything that you would regard as "unfilmable"?*
- *What is so difficult about putting written text into a film version? What are the main challenges?*
- *Pick two extracts from an English novel, one easy and one difficult to transfer into a film version.*
- *How can you express grief, happiness, despair, boredom in a film? Think of camera operations, music, lighting and props.*
- *When and why would film directors avoid using music?*
- *How can a voice-over be used?*

Literarische Texte und Filme erzählen Geschichten, aber sie tun dies in unterschiedlicher Weise. Die Erzählinstanz, die die Welt der Figuren vermittelt (vgl. NÜNNING/SURKAMP 2006, 256), stellt bei der Transformation eines literarischen Textes in einen Film eine große Herausforderung dar.

Gegenüber der bloßen Konzentration auf nur ein Medium hat dieser Vergleich insbesondere den Vorteil, dass Charakteristika des einzelnen Mediums deutlich hervortreten (vgl. NÜNNING/SURKAMP 2006, 260). Ein Ziel des Unterrichts muss es dabei sein, einen Einblick in die Spezifität des jeweiligen Mediums zu gewinnen. Der kompetente Umgang mit dem literarischen

Text und dem Film im Sinne einer umfassenden Medienkompetenz ist dafür wichtig.

Transformations-prozess untersuchen

Der Verfilmung eines literarischen Werkes liegt immer ein Transformationsprozess zugrunde (Poppe 2007). Mit fortgeschrittenen Lernern können diese Aspekte genauer untersucht werden (vgl. auch Surkamp 2009, 63):

- **Stofforientierte Transformation:** Story oder Thema werden aus der literarischen Vorlage übernommen. Gemeinsamkeiten zwischen Text und Film bestehen hinsichtlich einer ähnlichen Figuren- oder Handlungsgestaltung.
- **Handlungsorientierte Transformation:** Story und Plot werden in der Verfilmung in enger Anlehnung an den literarischen Text umgesetzt. Die besondere Erzählstruktur der Vorlage wird dabei nicht oder wenig beachtet.
- **Analoge Transformation:** Sowohl Plot und Story als auch die besondere Erzählweise der literarischen Vorlage werden filmisch umgesetzt.
- **Interpretierende Transformation:** Hier wird die literarische Vorlage weitergehend interpretiert und setzt sich damit von ihr ab.
- **Freie Transformation:** Durch die Verfilmung werden Kontext, Handlung und Figurenkonstellation der literarischen Vorlage verändert. Nur wenige Aspekte bleiben gleich.

Ein Verständnis für die unterschiedlichen Umsetzungsmöglichkeiten nach einer Textlektüre kann durch entsprechende *post-reading activities* gefördert werden, die gleichzeitig auch die *pre-viewing*-Phase vorstrukturieren:

- *Pick a scene from the book that you find difficult to transfer into a film. Explain what you find difficult about it.*
- *In groups, make a suggestion a film director may want to follow. What elements would you leave out or change dramatically?*
- *Compare your suggestion to the scene from the film. How does it differ from your ideas? Why?*

Zur praktischen Umsetzung bietet sich der Einsatz eines *prediction charts* an:

	Suggestions for a film version	Observations from a film version	Comments (approval, disapproval)
Chapter x, pages x-y			

Abb. 15: Prediction Chart 1

Nach Nünning/Surkamp (2006, 257 ff.) können die folgenden Aspekte bei der Arbeit mit Literaturverfilmungen in den Blick genommen werden:

- **Bewusstseinsdarstellung** in literarischer Vorlage und im Film: Werden Bewusstseinsinhalte ausgespart oder durch die Mimik und Gestik der Darsteller ausgedrückt? Wird *voiceover* eingesetzt? Oder werden Bewusstseinsinhalte durch Montage, Dialog oder subjektive Kamera umgesetzt?
- **Raumdarstellung** in literarischer Vorlage und im Film: Wie wird der Raum verbal beschrieben, wie wird er visuell gezeigt? Wie wird über visuelle Details im Film entschieden, die im Text nicht genannt werden? Wie wird ein Raum dargestellt, über den die literarische Vorlage gar nichts sagt? Ein Regisseur muss bei der Raumdarstellung Entscheidungen treffen, die ein Autor auch aussparen kann.
- **Handlungsverlauf** in literarischer Vorlage und im Film: Meist muss die Vorlage bei der Umsetzung gekürzt werden. Wie wird dies realisiert? Beeinflusst die Kürzung die Gesamtaussage? Warum wurden bestimmte Episoden gekürzt und andere nicht?

Grundsätzlich sind hier ebenfalls wieder *pre-, while-* und *post-viewing activities* möglich. Bedenkt man, dass insbesondere beim Einsatz von Literaturverfilmungen häufig ein Wechsel zwischen *reading* und *viewing* stattfindet, erschließt sich bereits die Schwierigkeit, *pre-, while-* und *post-*Phasen sauber zu trennen. So kann manche Textlektüre gleichzeitig eine *pre-viewing activity* sein, die auf die anschließende Betrachtung eines Films vorbereitet. Umgekehrt kann ein Filmausschnitt als *pre-reading activity* zum Aufbau einer Erwartungshaltung an die Textlektüre dienen. Das Ineinandergreifen verschiedener Phasen ist natürlich wünschenswert und gelingt im Idealfall so gut, dass die Trennung von Textarbeit und Filmarbeit dabei aufgehoben wird und im Unterricht an der Transformation des einen Mediums in das andere sowie an inhaltlichen, methodischen und ästhetischen Fragen dieses Prozesses gearbeitet werden kann.

Eine *post-viewing activity* kann gleichzeitig als *pre-reading activity* die Lektüre des nächsten Kapitels vorbereiten, vorstrukturieren oder antizipieren helfen. Dies kann bewusst kontrastiv geschehen, was immer dann reizvoll ist, wenn die Verfilmung sich von der literarischen Vorlage deutlich unterscheidet. Durch das Umstellen oder Auslassen von Szenen in einer Verfilmung wird der Vergleich mit der Textvorlage interessant.

Aber auch Szenen, die relativ originalgetreu transformiert werden, bieten ein großes Diskussionspotenzial, weil die Komposition der unterschiedlichen Elemente wie Kameraperspektiven, Beleuchtung, *sound* und *setting* sowie die Darstellung der Figurenkonstellation in jeder Verfilmung einer literarischen Vorlage einmalig ist und selten unumstritten bleiben wird.

Aus diesem Umstand ergibt sich so nicht nur ein großes kommunikatives Potenzial für Partner- oder Gruppenarbeit, sondern es kann auch konkret an medienspezifischen und filmästhetischen Fragen gearbeitet werden.

WOLF LIEBELT hat eine Reihe von Vorschlägen für den Einsatz von *Of Mice and Men* (JOHN STEINBECK) und die filmische Adaption von GARY SINISE von 1992 gemacht, auf die im Folgenden eingegangen wird (vgl. eine umfassende Zusammenstellung unter www.nibis.de/~miceandmen/):

Als *pre-viewing activity* wird die folgende Aufgabe genannt:
- *Make three predictions about what you think the filmmaker will do with the book. You could choose incidents, a character, the beginning/ending etc. Think in film terms and note your ideas on the chart below so that you can make comparisons after you have seen the film.*

Prediction chart	Your ideas for film treatment	What the film maker did	Your comments after seeing the film
Prediction 1			
Prediction 2			
Prediction 3			

Abb. 16: Prediction Chart 2

Eine weitere *pre-viewing activity* ergänzt eine handlungsorientierte und kreative Variante:
- *Check some illustrated magazines and find actors and actresses that you would choose if you were the director of the film. Cut them out, glue them on a piece of cardboard, draw speech bubbles and fill them with sentences that are, in your opinion, characteristic of that character. Do that for:*

George, Lennie, Candy, Curley, Curley's wife, Slim, Crooks, Carlson, the boss.

Der Beginn des Romans und des Films im Kontrast bietet sich bei den meisten Literaturverfilmungen an. *Of Mice and Men* ist ein gutes Beispiel für einen augenfälligen Kontrast, an dem man bewusst ansetzen sollte, um erarbeiten zu lassen, dass die Darstellungsformen der literarischen Textvorlage andere sind als die eines audiovisuellen Mediums. Unterschiede sind somit vorprogrammiert, nötig und unverzichtbar. Die künstlerisch-ästhetischen Möglichkeiten eines Films können am besten dann gewürdigt werden, wenn die „Veränderungen" durch den Regisseur vor dem Hintergrund unterschiedlicher Produktions- und Rezeptionsbedingungen „gelesen" werden. LIEBELTS Vorschläge greifen genau diesen Aspekt auf:

Text-Film-kontrastierung

- *Read the beginning of the novel and describe the first scene in YOUR movie in a few sentences (setting, i. e. place and time of action, people, first sentence that is spoken, action) or use the "outline of a screenplay" chart below. Remember that in adapting the novel for the medium film, a filmmaker has to make choices about transferring the narrative into words and pictures. [...]*
- *What choices would you make in constructing the opening sequence? Where would you start? What kind of shots do you need to capture the atmosphere, convey the setting, portray the characters? Do you need to write more dialogue? You also have to consider how the shots are edited into a sequence to achieve atmosphere and pace to move the story along.*

Number & name of scene	Setting (place & time)	Action	Dialogue	Music & sounds	Field sizes & camera movement

Abb. 17: Raster für ein Filmskript

Nach der Erarbeitung eigener Ideen kann die Eingangsszene von *Of Mice and Men* gezeigt werden. LIEBELT hat für den Buch- und Filmanfang eine Zusammenfassung erstellt. In ähnlicher Weise können Schüler auf der Grundlage ihres Filmskripts eine Beschreibung verfassen.

- **Book:** *It starts with a longish description of the setting (Soledad, Salinas River, pool by the river. Two men come towards the pool from the road. They are described in detail.) George (small, quick, restless eyes), Lennie (big man, formless face, large eyes of no special color). First action: Lennie drinks from the pool, like an animal. First sentence: "Lennie don't drink so much, you'll be sick again."*
- **Film:** *We see glimpses of a train and face of a man on it. The meaning is unclear at this point in time. First real scene: We see a girl in a red dress, running over a field in great fear. Then Lennie and George jump into a freight train. A description of the scenery is obviously not necessary, because we SEE it in the movie.*
- **Your film:** *...*

Der Vergleich wird mit einer anschließenden Reflexion weitergeführt. Dabei geht es darum, die Schüler zum Nachdenken über die Entscheidung des Regisseurs anzuregen und diese nicht als beliebige Abänderung einer vermeintlich durch die literarische Vorlage festgeschriebenen Chronologie der Ereignisse zu sehen. Was im Buch „funktioniert", kann im Film unzweckmäßig sein. Eine Diskussion um das Kriterium der Werktreue lässt sich nach dem folgenden von LIEBELT vorgeschlagenen Impuls gut anschließen:

- *Where is George when we first see him in the movie (i. e. at the very beginning of the film)? Together with the final scene of the movie, this scene forms a frame: George is leaving on a freight train after he has shot his friend Lennie in the head: This "foreshadowing scene" is not contained in the book.*
- *Why do you think Gary Sinise (director and actor) doesn't start his movie with a scene based on "... two men emerged from the path and came into the opening by the green pool"?*

Filmanalytische Aspekte

Weitere Aspekte, die zu *Of Mice and Men* diskutiert werden können, beziehen sich auf filmanalytische Aspekte, die für jede Text-Film-Kontrastierung eine wichtige Rolle spielen sollten:

- *Music and background noise(s): What do you remember?*
- *How is tension created in the film?*
- *How is Candy's sadness expressed in the film? (cf. field sizes, montage/ editing, soundtrack)*
- *Compare how Lenny is presented in the text and in the film version. What can you find out about the character by simply reading about him? How does this compare to John Malkovich's performance in the film? Analyse*

	Book	Film
Setting Where and when does the story take place? How do you know? Make short notes.		
Characters What do you know about the main characters? Make notes on their physical appearance and personality.		
Events What happens in the scene? Make notes on the sequence of events and the general atmosphere.		
Other Pick out any other detail you would like to compare and make short notes.		

Abb. 18: Worksheet: From book to film (in Anlehnung an Stempleski/Tomalin *2001, 91)*

camera operations, body language, gestures and props. What can you find out about his interaction with George in the literary text and its film version?

Viele der oben genannten Aufgaben können in der Gruppe bearbeitet und in der Klasse diskutiert werden.

Schreiben als Fortsetzung

Aber auch das Schreiben zu Filmen erfüllt wichtige Funktionen als Fortsetzung des Filmgesprächs mit anderen Mitteln, denn für eine umfassende und reflektierte Beschäftigung mit dem Medium Film kommt hier eine weitere Dimension hinzu. Nach ABRAHAM kann das Schreiben grundsätzlich sowohl zur Distanznahme dienen, z. B. dann, wenn emotionale Eindrücke sehr stark sind, als auch zur Einfühlung in ‚fremde' Gefühle (ABRAHAM 2009, 82). Er unterscheidet zwischen Schreibhaltungen nach der Filmlektüre:

- **Klärendes Schreiben:** Arbeitsteilig werden Inhaltszusammenfassungen einzelner Geschichten des Episodenfilms *Crash* angefertigt.
- **Expressives Schreiben:** Das Tagebuch einer Filmfigur wird geführt (z. B. aus der Perspektive von Jess in *Bend It Like Beckham*) oder es werden Briefe aus der Perspektive einer Person geschrieben (dies passt z. B. gut zu *The Remains of the Day*, bei dem ein Briefwechsel zwischen dem Butler Stevens und Miss Kenton stattfindet).
- **Poetisches Schreiben:** Hier wird die Vorgeschichte einer Figur erzählt oder die Filmhandlung weitergeführt, es werden Dialoge geschrieben, die im Stil zur literarischen Vorlage und/oder der Verfilmung passen sollen.
- **Rhetorisches Schreiben:** Schüler können hier Stellung beziehen, z. B. zum moralischen Dilemma einer Figur (z. B. bei *Lord of the Flies*). Filmkritiken oder Leserbriefe sind hier ebenfalls möglich.

Die literarische Vorlage kann als Ausgangspunkt für eine ganze Reihe von Schreibaufgaben (aber auch Sprechanlässen) zunächst in ein *screenplay* umgesetzt werden. Insbesondere die Übertragung des Textes in die dialogische Form (und damit verbundene Überlegungen, ob auch ein *voiceover* nötig ist), fördern das Verständnis für die sprachliche Gestaltung von literarischen Texten und Filmen.

Number & name of scene	Setting (place & time)	Action	Dialogue	Music & sounds	Field sizes & camera movements

Abb. 19: Outline of a Screenplay

Umgekehrt kann aber auch eine Filmszene als Grundlage für eine Schreibaufgabe genutzt werden. Hier kann beispielsweise eine zur Filmszene passende Romanpassage verfasst werden. Dies ist dann am besten realisierbar, nachdem schon einige Kapitel der literarischen Vorlage gelesen wurden. Dazu dürfen Film und Text nicht zu weit voneinander entfernt sein. Es darf aber auch nicht zu viel *voiceover* vorhanden sein wie z. B. in John Hustons Verfilmung *The Dead* nach James Joyces gleichnamiger *short story* aus seinen *Dubliners*. Die Schwierigkeit besteht darin, den Stil der literarischen Vorlage möglichst gut zu treffen. Denkbar ist allerdings auch eine bewusste Verfremdung. Eine solche Schreibaufgabe ist i. d. Regel nur mit fortgeschrittenen Schülern möglich. Sie ermöglicht aber eine Annäherung an den Text, die durch die filmische Begegnung zu einer viel intensiveren Auseinandersetzung mit literarischen Darstellungsformen führen kann.

Literaturverfilmungen sind auch für die Bewusstmachung des interkulturellen Lernens hervorragend geeignet. Prozesse des Imaginierens des „Anderen", des „Fremden" sowie die Visualisierung der Differenzerfahrung in der Text- und Filmrezeption bilden den Ausgangspunkt für interkulturelles Lernen im Rahmen einer Didaktik des Fremdverstehens. Filmzuschauer sind allerdings auch immer Mitspieler im Rezeptionsprozess, der keinesfalls als bloße Abfolge von Filmbildern zu werten ist, sondern den Betrachter zur aktiven Sinnkonstitution anstiftet (vgl. Bredella 2004). Dies gilt umso mehr für den Einsatz von Literaturverfilmungen mit interkulturellem Fokus, bei denen die Visualisierung kultureller Phänomene – oft genug auch in Verbindung mit gender-spezifischen Fragen – im Vordergrund steht. Wie Bredella (2004, 30) aufzeigt, ist bei der Beschäftigung mit literarischen Texten und Spielfilmen einerseits die Bewertung des Dargestellten und andererseits der Vergleich unterschiedlicher Werturteile von besonderer Bedeutung, wie sie auch im Rahmen einer Filmbildung mit dem Fokus auf (inter-)kulturelles Sehverstehen angestrebt wird (Blell/Lütge 2008). Die Frage, wie Differenzen imaginiert werden, wie das Phänomen des „Andersseins" vom Leser im Rezeptionsprozess individuell visualisiert und mit der filmischen Transformation einem kollektiven Publikum „verbildlicht" wird,

Interkulturelle Arbeit mit Filmen

steht dabei im Zentrum interkultureller Arbeit mit Literaturverfilmungen. Bekannte Beispiele sind:

- *Bend It Like Beckham*
- *Anita and Me*
- *Brick Lane*
- *The Buddha of Suburbia*
- *East is East* (dessen literarische Vorlage, das gleichnamige Drama von Ayub Khan-Din, allerdings selten als Ganzschrift im Englischunterricht zum Einsatz kommt)

Methodische Verfahren, die für kulturelle Phänomene unterschiedlicher Art sensibilisieren, können bei der Behandlung von Literaturverfilmungen die Spezifik des Audiovisuellen explizit nutzen, um interkulturelles Lernen zu fördern. Dazu gehören auch Fragestellungen, wie Frauen und Männer oder Angehörige aus bestimmten Kulturkreisen oder mit ethnischen, religiösen Zugehörigkeiten durch die Art der Kameraführung präsentiert werden (z.B. mit Blick auf Perspektive und Winkel). Dabei sollte auch nicht übersehen werden, dass Höreindrücke sehr prägend sind für die Darstellung kultureller Charakteristika. Tonlage und Intonation können nämlich wie der Einsatz von Filmmusik für Verfremdungseffekte genutzt werden und mit den Erwartungen der Zuschauer spielen (Lütge 2012). Am Beispiel der Verfilmung von Meera Syals Roman *Anita and Me* von Metin Hüseyin (2002) können Themen wie die Darstellung von Minoritäten, Humor und der Beziehungen von Charakteren untereinander in den Blick genommen werden. Beispiele für methodische Aspekte der Umsetzung dieser Literaturverfilmung finden sich bei Lütge (2012):

Anita and Me

- *How does the camera portray Meena whenever she meets Anita? Think of close-ups and camera angles. Is there a development visible over time?*
- *Describe the filmic devices that trigger comic relief during the encounter of Meena's grandmother with the locals. How are elements of ethnic identity used in this context?*
- *How are members of majority or minority groups presented audiovisually? Are there any characteristic sounds, music or colour connected to one of the groups?*

Auch bei *Whale Rider*, einem Roman von Witi Tame Ihimaera (1987) und seiner gleichnamigen Verfilmung von Niki Caro (2002), wird die Begegnung mit ethnischen Minoritäten thematisiert – und um eine Gender-Perspektive ergänzt. Beispiele für die Behandlung im Englischunterricht (vgl. ausführlich Lütge 2012 und Blell/Lütge 2009 sowie zu Teilaspekten Gunzenhäuser/Hahn 2009):

Whale Rider

- *Is music used as a leitmotif for the depiction of cultural otherness?*
- *How does the camera support Pai's feeling as being an outsider? How do light effects and camera angles reflect this impression?*
- *Describe how the camera portrays men and women. Are there differences with regard to different generations?*

Die folgende Übersicht führt bekannte Literaturverfilmungen auf, zu denen meist auch eine Reihe von Materialien und Lehrerhandreichungen verfügbar sind.

Filmtitel	Jahr	Regisseur	Originalwerk	Autor
About a Boy	2002	Chris and Paul Weitz	About a Boy	Nick Hornby
Alice in Wonderland	2010	Tim Burton	Alice's Adventures in Wonderland/ Through the Looking-Glass	Lewis Carroll
Anita and Me	2002	Metin Hüseyin	Anita and Me	Meera Syal
Death of a Salesman	1951	Laszlo Benedek	Death of a Salesman	Arthur Miller
Educating Rita	1983	Lewis Gilbert	Educating Rita	Willy Russell
Great Expectations	1998	Alfonso Cuaron	Great Expectations	Charles Dickens
Heat and Dust	1983	James Ivory	Heat and Dust	Ruth Prawer Jhabvala
Lord of the Flies	1963	Peter Brook	Lord of the Flies	William Golding
Lord of the Flies	1990	Harry Hook	Lord of the Flies	William Golding
My Left Foot: The Story of Christy Brown	1989	Jim Sheridan	My Left Foot	Christy Brown
Nineteen Eighty-Four (1984)	1984	Michael Radford	Nineteen Eighty-Four	George Orwell
Of Mice and Men	1992	Gary Sinise	Of Mice and Men	John Steinbeck
Pride and Prejudice	2005	Joe Wright	Pride and Prejudice	Jane Austen

Filmtitel	Jahr	Regisseur	Originalwerk	Autor
Rabbit-Proof Fence	2002	Phillip Noyce	Follow the Rabbit-Proof Fence	Doris Pilkington
The Buddha of Suburbia	1993	Roger Michell	The Buddha of Suburbia	Hanif Kureishi
The Color Purple	1985	Steven Spielberg	The Color Purple	Alice Walker
The Graduate	1967	Mike Nichols	The Graduate	Charles Webb
The Hours	2002	Stephen Daldry	The Hours + Mrs. Dalloway	Michael Cunningham/Virginia Woolf
The Importance of Being Earnest	2002	Oliver Parker	The Importance of Being Earnest	Oscar Wilde
The Remains of the Day	1993	Ruth Prawer Jhabvala	The Remains of the Day	Kazuo Ishiguro
To Kill a Mockingbird	1962	Robert Mulligan	To Kill a Mockingbird	Harper Lee

Abb. 20: Literaturverfilmungen

Bei der Arbeit mit Literaturverfilmungen ist zu unterscheiden, ob es sich bei der literarischen Vorlage um einen dramatischen oder einen narrativen Text handelt. Auf den ersten Blick kann ein dramatischer Text „leichter" in einen Film transformiert werden. Die Gestaltung der Erzählperspektive und die Darstellung von Bewusstseinsinhalten ist eine Herausforderung bei der Verfilmung von narrativen Texten, weil beschreibende Passagen zwar teilweise, aber auch nicht ständig – im *voiceover*-Verfahren – dargestellt werden können. Aber auch bei der Verfilmung von dramatischen Texten müssen – selbst bei identischer Textverwendung ohne Kürzungen (was sehr selten der Fall ist) – Entscheidungen über Kameraperspektiven getroffen werden. Selbst bei Aufnahmen von Theateraufführungen lässt sich dies schon erahnen, denn in der Regel verharrt auch hier die Kamera nicht in maximaler Entfernung im Zuschauerraum, sondern schwenkt auch in Nahaufnahmen. Bei einer „echten" Verfilmung eines dramatischen Textes wird dies noch einmal viel auffälliger. Hier muss auch entschieden werden, was mit *stage directions* geschehen soll, welche Kürzungen oder Textumstellungen erfolgen sollen und wie die räumliche Umsetzung erfolgen soll.

Shakespeare-Verfilmungen Im Englischunterricht sind Shakespeare-Verfilmungen als ein Spezialfall der Literaturverfilmung besonders beliebt.

As You Like It	(dir. Kenneth Branagh)	2006
Hamlet	(dir. Laurence Olivier)	1948
Hamlet	(dir. Franco Zeffirelli)	1990
Hamlet	(dir. Kenneth Branagh)	1996
Hamlet	(dir. Michael Almereyda)	2000
Henry V	(dir. Laurence Olivier)	1944
Henry V	(dir. Kenneth Branagh)	1989
Julius Caesar	(dir. Joseph Mankiewicz)	1953
King Lear	(dir. Michael Radford)	2012
Kumonosu-jo	(dir. Akira Kurosawa)	1957
Looking for Richard	(dir. Al Pacino)	1996
Macbeth	(dir. Orson Welles)	1948
Macbeth	(dir. Geoffrey Wright)	2006
The Merchant of Venice	(dir. Michael Radford)	2004
A Midsummer Night's Dream	(dir. Max Reinhardt/William Dieterle)	1935
A Midsummer Night's Dream	(dir. Michael Hoffman)	1999
Much Ado About Nothing	(dir. Kenneth Branagh)	1994
Othello	(dir. Tim Blake Nelson)	2001
Othello	(dir. Oliver Parker)	1995
Richard III	(dir. Laurence Olivier)	1955
Richard III	(dir. Richard Loncraine)	1995
Romeo and Juliet	(dir. Franco Zeffirelli)	1968
The Taming of the Shrew	(dir. Franco Zeffirelli)	1967
Ten Things I hate about you	(dir. Gil Junger)	1999
Titus	(dir. Julie Taymor)	1999
The Tragedy of Macbeth	(dir. Roman Polanski)	1971
The Tragedy of Othello: The Moor of Venice	(dir. Orson Welles)	1952
Twelfth Night	(dir. Trevor Nunn)	1996
William Shakespeare's Romeo and Juliet	(dir. Baz Luhrmann)	1996

Abb. 21: Shakespeare-Verfilmungen

Eine Vielzahl aktueller Verfilmungen, aber auch viele Schwarz-Weiß-Klassiker bieten sich an, um die audiovisuelle Umsetzung des Originaltextes auch im Vergleich verschiedener Filmversionen genauer unter die Lupe nehmen zu können. Nun ist angesichts des knappen zeitlichen Budgets in der Schule nicht die umfangreiche Filmlektüre unterschiedlicher Versionen des gleichen Shakespeare-Dramas machbar. Eine vergleichende Filmanalyse eines ausgewählten Monologs in mehreren Varianten, des Beginns oder Endes kann methodisch aber geschickt genutzt werden, um den Blick der Schüler auf die Vielfalt der Interpretationsmöglichkeiten zu lenken (LÜTGE 2008b).

Beispiel: Hamlet

Verschiedene Hamlet-Verfilmungen, z. B. von MICHAEL ALMEREYDA mit ETHAN HAWKE, von LAURENCE OLIVIER, KENNETH BRANAGH oder FRANCO ZEFFIRELLIS Mel Gibson-Hamlet können kontrastiv im Englischunterricht eingesetzt werden. Regisseure und Schauspieler müssen bei jeder Verfilmung einen neuen Blick auf den Text (und auch alle vorangegangenen Filmversionen) werfen. Für Schüler kann dies durch die entsprechenden Verfahren nachvollziehbar gemacht werden. Am Beispiel des *„to be or not to be*-Monologs" soll gezeigt werden, wie dies konkret aussehen kann (vgl. die Beispiele aus LÜTGE 2007a und 2008b):

- Die Erstellung von Filmskripten mit einem anschließenden Vergleich mit der Verfilmung ist eine beliebte Methode, um auf analytische und zugleich kreative Art und Weise mit SHAKESPEARE-Texten zu arbeiten. Ein Raster mit vorgegebener Tonspur (vgl. Abb. 22) ermöglicht eine strukturierte Vorgehensweise (vgl. LÜTGE 2008b).

- Den Schülern wird der Anfang des *„To be or not to be*-Monologs" (bis „by opposing end them" III, 1, 56–60) in den Verfilmungen von LAURENCE OLIVIER, KENNETH BRANAGH und MICHAEL ALMEREYDA vorgespielt – allerdings ohne Ton. Hier geht es um die Erfassung visueller Aspekte und deren Wirkung auf den Zuschauer. Die Schüler erhalten dazu ein Arbeitsblatt (vgl. Abb. 23), auf dem nach jedem Durchgang Stichworte notiert werden können.

Setting, action, light, Hamlet's voice (changes in tone and speed, alternations between thought and speech)	Camera			Soundtrack	
	Camera distance	Camera angle	Camera move-ment	Speech	Music, sound
				To be, or not to be, that is the question – Whether 'tis nobler in the mind to suffer The slings and arrows of outrageous fortune, Or to take arms against a sea of troubles, And, by opposing, end them. (…)	

Abb. 22: Raster zur Erstellung eines Filmskripts

- Im nächsten Schritt wird den Schülern der Ton ohne Filmbilder vorgespielt, und zwar in einer veränderten Reihenfolge. Anhand ihres zuvor ausgefüllten Arbeitsblattes sollen sie eine Zuordnung zu einer der drei Filmversionen vorschlagen. In einer anschließenden Diskussion begründen sie ihre Meinung.

Hamlet (III,1, 56–60)	Visual effects, e. g. costumes, scenery, lighting	Effect on the viewer
1) by Laurence Olivier		
2) by Kenneth Branagh		
3) by Michael Almereyda		
4) by Franco Zefirelli		

Abb. 23: Hamlet-Verfilmungen im Kontrast: Visual effects

- Eine Podiumsdiskussion, bei der Schüler die Rollen der Regisseure LAURENCE OLIVIER, KENNETH BRANAGH, FRANCO ZEFFIRELLI und MICHAEL ALMEREYDA wahrnehmen und Fragen aus dem Plenum zu einzelnen Aspekten der filmischen Umsetzung beantworten, führt zu der Auseinandersetzung mit „verschiedenen" Hamlets und unterschiedlichen Lesarten.

- Überlegungen zu Requisiten und Kostümen, vorherrschenden Farben oder Lichtverhältnissen, zur musikalischen Untermalung und Raumgestaltung können angestellt werden. Skizzen des Bühnenbildes können gemeinsam entworfen und wiederum mit den unterschiedlichen filmischen Umsetzungen verglichen werden.
- Die Realisierung besonders markanter Zeilen (z. B. „Ay, there's the rub") sollte fokussiert betrachtet werden mit Blick auf unterschiedliche filmische Darstellungsformen (*camera, lighting, movement, gestures, voice, sound* etc.).

Filmkompetenz entwickeln: Zugänge und Projekte

A film is a petrified fountain of thought.

(JEAN COCTEAU)

Der Einsatz von Filmen im Fremdsprachenunterricht fristet längst kein Schattendasein mehr. Vielfältige Einsatzmöglichkeiten in den Bereichen fremdsprachlichen oder interkulturellen Lernens oder mit Blick auf die Entwicklung der Medienkompetenz werden diskutiert und in unterrichtspraktischen Vorschlägen vorgestellt.

Im Zeitalter der Kompetenzorientierung stellt sich auch für den Einsatz des Mediums Film die Frage, wie eine systematische Filmarbeit im Fremdsprachenunterricht angelegt sein muss, um bei den Schülern die Entwicklung von Filmkompetenz zu fördern.

Geht es hier nur um eine Schulung des Hörsehverstehens? Welche anderen Aspekte spielen hier noch eine Rolle? Muss für die Entwicklung des Filmverstehens anderes geschult werden als für die Arbeit am Hörsehverstehen? Und was gehört zur Entwicklung einer umfassenden Filmbildung? In diesem Kapitel soll auf die genannten Aspekte eingegangen werden vor dem Hintergrund der Entwicklung einer umfassenden Filmkompetenz, die sich aus vielen Facetten zusammensetzt. Die Entwicklung von Filmkompetenz ist eine komplexe und dauerhafte Angelegenheit.

In diesem Kapitel sollen Kompetenzstufen des Hörsehverstehens betrachtet werden, wie sie mit Filmen im Englischunterricht gefördert werden kann. Anschließend werden Fragen rund um die Förderung des Filmverstehens aufgegriffen unter dem Motto „Learn to see – see to learn". Die Frage, wie man langfristig am Aufbau einer fremdsprachlichen Filmbildung arbeiten kann, wird abschließend betrachtet.

3.1 Kompetenzentwicklung des Hörsehverstehens

Die Entwicklung des fremdsprachlichen Hörsehverstehens muss kontinuierlich und systematisch erfolgen. Hörsehverstehen als „Kombi-Kompetenz" aus Hören und Sehen ist nicht nur für das Filmverstehen von entscheidender Bedeutung, sondern für fremdsprachliche Kommunikation und Interaktion allgemein. Um sich aktiv an Gesprächen beteiligen zu können oder aber aus der Beobachterperspektive authentische Kommunikation in der Fremdsprache erleben zu können, müssen Lerner den Kontext hörend und sehend erfassen. Kleinigkeiten des visuellen Eindrucks können den Höreindruck unterstützen oder auch erschweren.

Das Hörsehverstehen in der Fremdsprache kann gezielt gefördert und verbessert werden durch:

- zielgerichtetes Hören und Sehen
- die Konzentration auf das Zusammenspiel von Bild- und Tonspur
- die (auch sprachliche) Unterstützung der Wahrnehmungsprozesse (vgl. HENSELER/MÖLLER/SURKAMP 2011, 5)

KMK-Standards für Hörsehverstehen

Die Beschreibung der KMK-Standards für das Hör-/Hörsehverstehen erfolgt in enger Anlehnung an den Gemeinsamen europäischen Referenzrahmen (GeR). Sie bewegen sich für den Mittleren Schulabschluss im Wesentlichen auf dem B1/B1+ Niveau (Hauptschule: A2) (vgl. dazu im Folgenden www.kmk-format.de/material/Fremdsprachen/2-2-0_Hoeren-Bezug_zum_GeR.pdf).

Für das Hör- und Hör-/Sehverstehen wird hier angeführt:

- Die Schülerinnen und Schüler können unkomplizierte Sachinformationen über gewöhnliche alltags- oder berufsbezogene Themen verstehen und dabei die Hauptaussagen und Einzelinformationen erkennen, wenn in deutlich artikulierter Standardsprache gesprochen wird (B1+).

Sowohl für Englisch als auch für Französisch können die Schülerinnen und Schüler:

- im Allgemeinen den Hauptpunkten längerer Gespräche folgen, die in ihrer Gegenwart geführt werden (B1),
- Vorträge verstehen, wenn die Thematik vertraut und die Darstellung unkompliziert und klar strukturiert ist (B1+),
- Ankündigungen und Mitteilungen zu konkreten Themen verstehen, die in normaler Geschwindigkeit in Standardsprache gesprochen werden (B2),
- vielen Filmen folgen, deren Handlung im Wesentlichen durch Bild und Aktion getragen wird (B1).

Speziell für das Fach Englisch gibt es folgende Definitionen: Die Schülerinnen und Schüler können

- den Informationsgehalt der meisten Rundfunksendungen und Tonaufnahmen über Themen von persönlichem Interesse verstehen (B1+),

- das Wesentliche in vielen Fernsehsendungen zu Themen von persönlichem Interesse, z. B. Interviews, kurze Vorträge oder Nachrichtensendungen verstehen (B1+).

KMK-Standards für das Abitur werden entwickelt und müssen komplexere Kompetenzen für das Hörsehverstehen umfassen. Dazu sollten die folgenden Bereiche berücksichtigt werden:

- Hauptaussagen oder Einzelinformationen aus Filmen entnehmen können, die komplexere Plotstrukturen aufweisen oder durch Neben- oder Hintergrundgeräusche schwieriger sind.
- Hörsehverstehensstrategien entwickeln und anwenden können, z. B. selbstständig zwischen Globalverstehen und Detailverstehen unterscheiden können.
- Komplexere Zusammenhänge zwischen akustischen und visuellen Informationen im Zusammenhang verstehen und dabei auch Stimmungen erfassen.
- Sensibilität für kulturelle Prägungen der Hörseheindrücke zeigen.

Zentral für den Aufbau einer umfassenden Hörsehverstehenskompetenz ist ein Aspekt, der zunächst als widersprüchlich erscheinen mag: die Entwicklung einer **Frustrationstoleranz**, die es Lernern ermöglicht, Nichtverstandenes auszuhalten, Verstehenslücken zu kompensieren und den Rezeptionsprozess aufrechtzuerhalten. Diese Fähigkeit, mit nicht vollständig verstandenen Elementen umgehen zu können, stellt eine wichtige Voraussetzung dar, um in kommunikativen Situationen jeder Art bestehen zu können. Die Arbeit mit Filmen im Englischunterricht sollte daher immer wieder dazu genutzt werden, um den Fokus auf verstehbare und verstandene Aspekte zu lenken, den Umgang mit schwer oder kaum Verstandenem

- kreativ zu nutzen,
- gezielt zu thematisieren,
- gelegentlich zurückzustellen,
- mit Hilfsangeboten zu überbrücken.

Hörsehverstehenskompetenz richtet sich nur auf funktionale kommunikative Kompetenzen. Filme im Fremdsprachenunterricht sollten aber nicht nur mit dem Ziel der Arbeit am Hörsehverstehen, sondern auch mit Blick auf die Entwicklung von Medien- und Textkompetenz eingesetzt werden.

Eine ganze Reihe von weiteren Parametern ist zu berücksichtigen, wenn es um das Hörsehverstehen geht. Sowohl für die Filmauswahl als auch für die Entscheidung über bestimmte methodische Schritte sind die folgenden Aspekte von zentraler Bedeutung:

Fünf Leitfragen
für das Global-
verständnis

- Wer spricht mit wem über was?
- Wann und wo?
- In welcher Absicht?
- Aus welchem Anlass?
- Welche Beziehungen bestehen zwischen den sprechenden Personen zueinander?

Diese fünf Leitfragen sind für das Globalverständnis aller Filme von grundsätzlicher Bedeutung. Sie können daher systematisch für ganz unterschiedliche Filme und Filmausschnitte eingesetzt werden, um den schnellen Blick auf diese Parameter zu lenken. Häufig werden einzelne Filme sehr detailliert betrachtet. Insbesondere wenn es nur um eine Schulung des Globalverstehens geht, können entlang der oben genannten Parameter kurze Ausschnitte aus mehreren thematisch auch unverbundenen Filmen genutzt werden. Beispielsweise durch den Einsatz völlig unterschiedlicher 20-Sekunden-Ausschnitte aus verschiedenen Filmen kann das Hörsehverstehen gezielt geschult werden (handelt es sich um eine Hochzeitsszene, Verfolgungsjagd, Restaurantbesuch etc.?). Zum Einstieg in einen Film bietet sich ein Potpourri unterschiedlicher sehr kurzer Ausschnitte an, um einerseits einen Gesamteindruck vom Film zu bekommen und gleichzeitig das Globalverstehen zu schulen. Aufgrund ihres allgemeinen Weltwissens und spezifischen Genrewissens können Schüler eine ganze Reihe von grundlegenden Situationen global erfassen, auch ohne jedes Detail zu verstehen.

Die Dekodierung funktioniert aber nur dann, wenn ein themenadäquates Welt-, Erfahrungs- und Sprachwissen vorhanden ist und Filmausschnitte gewählt werden, die hier eine Anknüpfung bieten. Tatsächlich muss nicht jedes Wort verstanden werden, um das „wann und wo" zu dekodieren oder die Absicht zu erkennen.

Daraus folgen didaktisch-methodische Überlegungen. In Abwandlung der Überlegungen von BADSTÜBNER-KIZIK (2007, 132) zum Hörverstehen kann man für die Entwicklung des Hörsehverstehens fordern:

- Offenheit für neue, auch ungewohnte audiovisuelle Erfahrungen,
- Bereitschaft zu genauer Rezeption, die zunächst noch unter Anleitung, später zunehmend selbstständig zwischen einer adäquaten Fokussierung auf visuelle bzw. auditive Aspekte unterscheidet,
- Bereitschaft und Fähigkeit, den Hörsehprozess aus verschiedenen Perspektiven zu erleben und dabei immer neue Details zu entdecken,
- Bereitschaft, über den Hörsehprozess selbst zu reflektieren,
- Fähigkeit, unterschiedliche Sichtweisen auf einen Film und
- Interpretationen zu akzeptieren und auszuhalten.

In Anlehnung an das Strukturmodell einer Hör-Seh-Übungsstunde (THA-LER 2007b, 17) können zehn Schritte unterschieden werden:

Schritt	Phase	Funktion
1	Aufbau einer Hör-Seh-Motivation	• Einführung • Neugier wecken
2	Vorentlastung	• Klärung wichtiger Wörter und Strukturen • Vermittlung von Hintergrundinformationen
3	Verdeutlichung der ersten Hör-Seh-Absicht	• Klärung der Aufgabenstellung (globales oder grobes Verstehen) sowie Erläuterung der Aufgabe
4	Erstes Hör-Sehen	• Präsentation des Filmausschnitts
5	Kontrolle des Globalverstehens	• Besprechung • Präsentation der Antworten
6	Verdeutlichung der zweiten Absicht	• Vorgabe: detailliertes (selektive, transzendierendes) Verstehen • Erläuterung der Aufgabe
7	Zweites Hör-Sehen	• Präsentation des Filmausschnitts
8	Kontrolle des Detail-Verstehens	• Besprechung • Präsentation der Antworten
9	Optional: 3. Durchgang	• Drittes Hör-Sehen (Ausschnitt) mit spezieller Aufgabe
10	Abschluss	• Anschlussaufgaben • Transfer • *post-viewing activities* • Diskussion

Abb. 24: Unterrichtsschritte Hörsehverstehen – idealtypischer Verlauf

Selbstverständlich stellt eine solche Übersicht nur einen idealtypischen Verlauf dar. Sie kann – und soll – nicht exakt in dieser Form bei jedem Filmeinsatz im Englischunterricht angewendet werden. Dennoch liefert sie wichtige Anhaltspunkte für eine mögliche Strukturierung.

Bei aller Struktur aber muss auch sichergestellt werden, dass der Blick für das neugierige Entdecken noch möglich bleibt und die Steuerung der Lehrkraft nicht zu stark wird. Neben einer Variationsbreite zwischen geschlossenen und offenen Formaten sollte der Blick auf den einzelnen Film und sein Potenzial immer bedacht werden.

Die Auswahl von Filmen spielt eine große Rolle, wenn man sich vor Augen führt, dass im Sinne einer Progression zunächst häufig kürzere Filme

oder Ausschnitte eingesetzt werden sollten (vgl. Kap. 3.2). Um die Hörsehverstehens-Kompetenzen konsequent aufzubauen, können in Anlehnung
an THALER (2007b, 14) folgende „Regeln" aufgestellt werden:

Regeln für die Auswahl von Filmen

- **Grobverstehen ist weniger anspruchsvoll als Detailverstehen.** Es ist
  einfacher für Schüler, wenn sie herausfinden sollen, ob es um ein
  freundschaftliches Gespräch oder eine Vertragsverhandlung geht, ob ein
  Liebespaar Pläne schmiedet oder ein Banküberfall geplant wird. Aber:
  „Just watch out for the main ideas and try to understand as much as you
  can" ist keine sinnvolle Aufgabenstellung im Sinne des Grobverstehens.
  Für Schüler ist oft nicht klar, wie basal sie ansetzen dürfen und was „as
  much as you can" wirklich bedeutet.
- **Die Wiederholung einer Filmszene erleichtert das Verstehen** und sollte
  zeitlich immer mit eingeplant werden. Allerdings wird spätestens die
  dritte Wiederholung schon problematisch, wenn sie nicht gleichzeitig
  von einer verfeinerten Aufgabenstellung begleitet oder durch ein in der
  Lerngruppe entflammtes detektivisches Interesse am Aufspüren eines
  bestimmten Details getragen wird.
- **Wenige Fragen zu einem kurzen Ausschnitt sind leichter zu bearbeiten**
  als viele Fragen zu einem langen Ausschnitt oder dem gesamten Film.
- **Nonverbale Antworten sind leichter als verbale.** Gerade mit jüngeren
  Lernern kann die Überprüfung zu Verständnisfragen über das Handhe-
  ben erfolgen ("Who saw a cat in the scene?", "Who thinks the two boys
  in the film are friends?"). Auch kurze Aufgaben, die im *right-/wrong-*
  Format mit *yes/no* beantwortbar sind, machen den Schülern ein *feed-
  back* im sehr geschützten Rahmen möglich.
- **Eine Vorbereitungsphase reduziert die Verarbeitungslast** beim anschließenden Filmsehen (*pre-viewing activities* strukturieren die Filmlektüre vor, sie lenken den konzentrierten Blick auf die entscheidenden
  Stellen. Hier kann auch Input durch den Lehrer gegeben werden).
- **Klare und deutliche Anweisungen vermeiden mögliche Verwirrung:**
  Hier ist es wichtig, kurz und präzise deutlich zu machen, was beobachtet und herausgefunden werden soll – und sich anschließend bei der Besprechung auch daran zu halten. Alternativ können die Schüler auch
  aufgefordert werden, jeweils eine eigene Beobachtung beizutragen, damit es nicht nur zu geschlossenen Aufgabenformaten kommt. Durch
  klare Anweisungen werden Schüler ebenso entlastet wie durch eine geschickte *pre-viewing*-Phase.
- **Die Arbeit in Paaren oder Gruppen senkt den Erwartungsdruck** und
  kann auch zur sinnvollen Arbeitsteilung genutzt werden. Vier oder sechs

Augen oder Ohren sehen und hören mehr als zwei. Gerade weil beim Film im Gegensatz zur Textlektüre ein Zurückblättern nicht möglich ist, ist die Zusammenarbeit von Schülern nicht nur gruppendynamisch sinnvoll, sondern auch der Spezifik der Filmrezeption geschuldet.

Von entscheidender Bedeutung sind die Dimensionen des Hörsehverstehens, die in unterschiedlichen Aufgabenformaten zum Tragen kommen (vgl. z.B. THALER 2007b, HENSELER/MÖLLER/SURKAMP 2011): *Dimensionen des Hörsehverstehens*

- **Globales Hörsehverstehen** ist auf sehr allgemeine thematische Aspekte des Films bezogen,
- **Grobes Hörsehverstehen** ist auf wesentliche Aspekte des Films gerichtet, die für das Verständnis des Gesamtzusammenhangs eine Rolle spielen,
- **Selektives Hörsehverstehen** richtet sich auf einzelne ausgewählte Aspekte eines Films, die in den Gesamtzusammenhang eingeordnet werden können,
- **Detail-Hörsehverstehen** ist gleichzusetzen mit einem mehr oder weniger vollständigen Verstehen aller Einzelheiten,
- **Transzendierendes Hörsehverstehen** umfasst das Inferieren, Elaborieren, Abstrahieren, Generalisieren, Konstruieren, Antizipieren und Evaluieren mit Filmen, d. h. das verarbeitende und bewertende Verstehen ganz unterschiedlicher Informationen des Films.

Dafür entscheidend sind verschiedene Übungsformate:

Dimensionen	Beispiele
Absicht	• Globales Hörsehverstehen (kommunikative Situation, Thema) • Grobes Hörsehverstehen (wesentliche Aspekte) • Selektives Hörsehverstehen (einzelne ausgewählte Aspekte) • Detail-Hörsehverstehen (Vollverstehen aller Einzelheiten) • Transzendierendes Hörsehverstehen (Inferieren, Elaborieren, Abstrahieren, Generalisieren, Konstruieren, Antizipieren, Evaluieren)
Niveau	• Frühbeginn …, Sekundarstufe I …, Sekundarstufe II • Leicht …, mittel …, schwer
Antwortmodus	• Mündliche …, halbmündliche …, schriftliche Reaktion • Verbale … nonverbale Reaktion • Geschlossene … offene Aufgaben

Dimensionen	Beispiele
Sozialform	• Einzelarbeit • Partnerarbeit • Gruppenarbeit
Steuerung	• stark gesteuert … autonom (Selbstlernen)
Ort	• Klassenzimmer • Multimedialabor • zu Hause
Ergebniskontrolle	• Fremdkontrolle durch Lehrer • Kontrolle durch Medien • Selbstkontrolle • Kontrolle durch Partner (pair work)

Abb. 25: Übungs-Dimensionen beim Hörsehverstehen (THALER 2007b)

Nicht zu trennen sind diese Überlegungen allerdings von der Filmauswahl. Ebenso untrennbar davon sind auch die methodischen Zugänge, denn einige Filme können durchaus in verschiedenen Klassenstufen zum Einsatz kommen, je nach methodischem Zugriff.

Übungsformen   Übungsformen, die schriftliche Vorlagen in die Filmlektüre einbeziehen, können das Hörsehverstehen erleichtern, wenn eine Entlastung durch den Text erfolgt, aber auch schwieriger machen durch die doppelte Herausforderung der gleichzeitigen Film- und Textrezeption. Es können vollständige oder veränderte Vorlagen bzw. Lückentexte eingesetzt werden. Auch der Einsatz von Untertiteln kann hier gezielt zur Unterstützung genutzt werden. Nach THALER (2007b, 16) kann man unterscheiden zwischen folgenden Übungen mit Vorlage des Transkripts:

Übungen mit Untertitel
Hier sind Präsentationen in verschiedenen Kombinationen möglich. Der Filmausschnitt kann zunächst ohne, dann mit Untertiteln gezeigt werden. Möglich ist auch eine Variante mit Untertiteln ohne Ton zuerst, anschließend mit Ton und Untertiteln gleichzeitig. Hier kann außerdem gewählt werden zwischen den englischen Untertiteln zum englischen Film oder auch zu deutschen Untertiteln für den englischen Film. Seltener wird die Variante deutsch synchronisierte Filmfassung mit englischen Untertiteln gewählt. Reizvolle Alternativen, die die Mehrsprachigkeit im Klassenzimmer berücksichtigen, sind bei manchen Filmen durch die Anwahl türkischer oder anderssprachiger Untertitel möglich.

und Spielanlässe oder für ein Nachstellen bekannter Szenen genutzt werden können. Nach WHARTON/GRANT (2005, 62) können folgende Aspekte untersucht werden:

- *Does the music include a recognisable tune or song? What message does this convey in relation to the images?*
- *Does the music enhance or contradict the meanings suggested by the images?*
- *Could you describe the music as having a recognisable style?*
- *Is the music typical of the film's genre?*
- *Can you recognize elements of the instrumentation (e. g. electronic instruments)?*
- *Are contrasts between sound and silence used?*

Häufig findet eine relativ unbewusste Rezeption von Musik in einer mehr oder weniger geräuschvollen Alltagswelt statt. Das mag ein Grund dafür sein, warum Filmmusik als filmisches Gestaltungsmerkmal wenig berücksichtigt wird. Nicht allein in der Didaktik haben Musik und Geräusche als symbolträchtige und sprachstimulierende Bestandteile von Film relativ wenig Beachtung erhalten, auch in der Filmwissenschaft wurde relativ spät begonnen, das „Mysterium" dieser Randkomponente zu bearbeiten (vgl. BLELL/LÜTGE 2012).

Wenn das Ziel, Filme „lesen" zu lernen *(film literacy)* genannt wird, steht schon rein begrifflich die Visualität viel stärker im Vordergrund. Der auditive Aspekt liegt nahezu einseitig auf einem Teil des Soundtracks, nämlich der Sprache. Geräusche und Musik erscheinen besonders mit Blick auf den Fremdsprachenunterricht manchmal als störend, ablenkend, zusätzlich verkomplizierend. Hören und Sehen werden häufig als Gegensatz empfunden und nicht als Einheit. Das liegt auch daran, dass Musik als zeitliches Phänomen vergänglich, dadurch „flüchtig" und schwer fassbar ist. Während man aus der Bildspur eines Films ein visuelles Standbild isolieren kann, ist dies für die Tonspur nicht möglich. Aber: die Unmittelbarkeit der Wirkung des auditiven Eindrucks ist sehr stark. Dieser emotionalen Wirkung können sich jedoch Zuschauer auch nicht durch Augenschließen entziehen. Nur in einer Vernetzung aller im Film repräsentierten codierten Symbolsysteme, nämlich Wort, Bild, Musik und Geräusch, kann auch der Fremdsprachenunterricht zu einer umfassenden Hörsehverstehensbildung beitragen (THALER 2007b).

Übungen bei vollständiger, veränderter Vorlage des Textes
Hier müssen die Schüler nicht nur kreativ tätig werden, sondern sie müssen auch genau hinsehen und im Vergleich Text-Film-Zusammenhänge erkennen, die ihnen sonst eventuell entgangen wären. Vor allem aber werden sie dabei aktiv in die Filmrezeption einbezogen, ohne bereits allzu komplexe filmanalytische oder kreativ-handlungsorientierte Aufgabe meistern zu müssen:

- Ordnen von *jumbled sequences*,
- Erkennen von Fehlern im Skript *(error spotting)*,
- Ersetzen von Symbolen/Bildern durch Wörter,
- Wählen zwischen Alternativen (2 oder 3 Wörter werden angeboten),
- Durchstreichen von (nicht gesprochenen) Wörtern.

Übungen bei unvollständiger Textvorlage
Hier können durch relativ unaufwändige Eingriffe der Lehrkraft Textvorlagen zum Film so verändert werden, dass die Vervollständigung vom Schwierigkeitsgrad zur jeweiligen Gruppe passt und außerdem die Neugier der Schüler auf die aufzuspürenden Details didaktisch geschickt genutzt wird.

- Füllen eines Lückentextes (hier gibt es beliebige Abstände zwischen den einzelnen Lücken),
- Vervollständigen einer *cloze passage* (Lücken in regelmäßigen Abständen),
- Einsetzen bestimmter Worttypen (z. B. Adjektive oder Verben wurden durchgängig getilgt),
- Zuordnen ausgewählter Textpassagen zu Bildern,
- Zuordnen ausgewählter Satzhälften,
- Zuordnen von Zitaten zu Figuren.

3.2 „Learn to see – see to learn": Filmverstehen fördern

Die Schulung der Hörsehverstehenskompetenz ist wichtig, um das Filmverstehen im Englischunterricht aufbauen zu können. Filmverstehen geht aber über das Hörsehverstehen als funktionale kommunikative Kompetenz hinaus. Das Zusammenspiel des Auditiven und Visuellen ist dabei mehr als die bloße Summe dieser beiden Aspekte. Die Eindrücke optischer und akustischer Zeichensysteme ergänzen sich zu einem komplexen Gesamteindruck, der durch die Fremdsprache und die auch kulturell geprägten Inhalte in Filmen verdichtet werden. Filmverstehen ist somit weit mehr als Hörsehverstehen.

Eine gezielte **Förderung des Filmverstehens** muss einerseits darauf abzielen, **unterschiedliche Kompetenzen** aufzubauen, die in ihrem Zusammenspiel erfasst werden müssen. Zudem muss aber – gerade angesichts der Komplexität des Filmverstehens – **ein kontinuierlicher Kompetenzaufbau** stattfinden, der konsequent in den verschiedenen Klassenstufen erfolgt.

Welche Kompetenzen sind nun für die Entwicklung des Fimverstehens wichtig? In Anlehnung an BLELL/LÜTGE (2004) sind die folgenden Bereiche besonders zu fördern (vgl. auch HENSELER/MÖLLER/SURKAMP 2011, 5):

Die Förderung des Hörsehverstehens
Hier handelt es sich um die Entwicklung einer Wahrnehmungs- und Differenzierungskompetenz für sprachliche und außersprachliche Prozesse beim Filmsehen. Nach BLELL/LÜTGE (2004) geht es dabei ganz allgemein um die:

* Schulung und Bewusstmachung von Prozessen intentionalen Sehens für die Sprach- und Sinnbildung,
* Aneignung grundlegenden „Filmizitätswissens" zur Unterstützung von Rezeptions- und Produktionsprozessen.

Um diese Ziele zu erreichen, sollten im Englischunterricht zielgerichtetes Hören und Sehen, die Konzentration auf das Zusammenspiel von Bild- und Tonspur gefördert sowie Wahrnehmungsprozesse auch sprachlich geschult werden.

Die Förderung filmästhetischer und -kritischer Kompetenzen
Auch im Englischunterricht müssen diese Kompetenzen, die nicht primär fremdsprachenspezifisch sind, in den Blick genommen werden. Nur so kann ein auch in inhaltlicher Hinsicht vertieftes Verständnis für das Medium Film entwickelt werden. Hier geht es um die

* Aneignung und Schulung der Fähigkeit zur kritischen Analyse und Bewertung filmischer Inhalte,
* Sensibilisierung für filmästhetische Aspekte,
* Schaffung eines Bewusstseins für manipulative Effekte filmischer Darstellungsformen,
* Schärfung des Bewusstseins für filmästhetische Aspekte und die Entwicklung eines kritischen Bewusstseins gegenüber manipulativen Elementen des Mediums.

Die Förderung interkultureller Kompetenzen

- Förderung des Fremdverstehens
- Erweiterung des kulturellen Horizontes der Lernenden
- Entwicklung der Reflexionsfähigkeit über eigen- und zielkulturelle Aspekte

Nach HENSELER/MÖLLER/SURKAMP (2011) spielen die Konfrontation mit fremdkulturellen Wirklichkeiten, authentische Zugänge zu den Zielkulturen und die Eröffnung von Vergleichen von fremd- und eigenkulturellen Aspekten eine wichtige Rolle.

Die Förderung fremdsprachlicher Handlungs- und Kommunikationskompetenzen

Das Unterrichten mit Filmen im Englischunterricht soll die Lerner aktiv und interaktiv tätig werden lassen. Sie sollen Filme nicht passiv konsumieren, sondern angeregt werden zur Kommunikation, die in möglichst handlungsorientierten Kontexten stattfindet. Dazu gehören nach BLELL/LÜTGE (2004) auch

- die Befähigung zu emotionalen Reaktionen und persönlichen Stellungnahmen sowie
- die Förderung sprachproduktiver Selbstständigkeit in der Fremdsprache.

Hier geht es auch um die Schaffung authentischer Sprechanlässe, das Schreiben und Sprechen über filmische Inhalte und Darstellungsweisen sowie deren Zusammenwirken (vgl. HENSELER/MÖLLER/SURKAMP 2011).

Die verschiedenen Kompetenzen, die das Filmverstehen ausmachen, werden in den einzelnen Klassenstufen unterschiedlich umgesetzt, sollten aber jeweils von Anfang an parallel und nicht sukzessive entwickelt werden. Eine Progression des fremdsprachlichen Filmverstehens muss die kontinuierliche Entwicklung dieser Kompetenzen im Blick haben. HENSELER/MÖLLER/SURKAMP (2011, 10 f.) haben einen Vorschlag für ein Curriculum zum Filmverstehen vorgelegt, das Kompetenzformulierungen für die Jahrgangsstufen 5 und 6, 7 und 8, 9 und 10 sowie 11 und 12 enthält. In Anlehnung an die Kompetenzbereiche nach BLELL/LÜTGE (2004) wird dabei spezifischer auf die Progression filmdidaktischer Arbeit eingegangen.

Allgemein lässt sich zunächst Folgendes festhalten: In der Sekundarstufe I sollte das Vorwissen aktiviert und *language support* zur Verfügung gestellt werden. Lehrkräfte können dafür

- Verfahren einbeziehen, die besonders das Grobverstehen betreffen,
- kurze, knapp gefasste Aufgabenstellungen formulieren,
- auch nonverbale Antworten gelegentlich einplanen,
- kurze Filmausschnitte angemessen ankündigen und einleiten,
- Handouts mit Lückentext vorbereiten.

Das Unterrichten mit Filmen im Englischunterricht erfordert mit jüngeren Lernern in den **Klassen 5 und 6** andere methodische Entscheidungen als mit älteren Lernern, z. B. die Arbeit mit Standbildern und den Einsatz sehr einfacher Beobachtungsaufgaben. Filme „lesen" lernen, das kann von Anfang an trainiert werden, auch mit Ausschnitten aus Filmen, die in voller Länge noch gar nicht in Frage kämen. Auch mit jüngeren Schülern lassen sich „Kleinigkeiten" in Filmen beobachten, selbst wenn noch längst nicht alles verstanden wird. Ein altersgerechter Einsatz des Mediums Film kann mit kurzen Filmsequenzen dabei helfen, genaues Hinschauen zu üben. Einfache Beobachtungsaufgaben können in ähnlicher Weise gestellt werden:

- *How many people can you see in this scene ... and how many animals?*
- *What's the colour of ...?*
- *What's the name of the restaurant?*

Beispiel: Animationsfilme Und da gerade jüngere Schüler erstaunlich viel beobachten können, sind hier abwechslungsreiche methodische Verfahren möglich, z. B. „I spy with my little eye" zum Standbild eines Films oder Beobachtungsaufgaben in Partnerarbeit. Kurze Animationsfilme oder Trickfilme eignen sich besonders für die Altersgruppe.

Der Animationsfilm *Madagascar* kann ab Klasse 5 eingesetzt werden. Die Schüler können aus der Sicht der Tiere (Flusspferd, Löwe, Giraffe), die den Geburtstag ihres Freundes (des Zebras) feiern, Dialoge erstellen, die mit Rollenkarten erarbeitet werden. Auch die Arbeit mit dem Trailer und dem Filmposter sind möglich (vgl. ausführlich Grigoriadou 2008).

Die Trickfilmserie *Shaun the Sheep* ist gut geeignet, um das Hörsehverstehen zu schulen und mit einzelnen Folgen kreativ zu arbeiten. Die mehrfach preisgekrönte Serie über das Schaf Shaun, das in einer Herde auf einem Bauernhof in Großbritannien lebt, bietet humorvolle und altersangemessene Handlung, die audiovisuell anspruchsvoll umgesetzt wird und bereits erste Begegnungen mit filmspezifischen Fragestellungen ermöglicht (vgl. Alter 2010, Weisshaar 2011).

Der britische Film *Swallows and Amazon* (Regie: Claude Whatham) von 1974, der auf Arthur Ransomes gleichnamiger Buchreihe aus den 1930er-Jahren beruht, ist in Deutschland wenig bekannt. Die Abenteuer der Kinder

der Familie Walker im Lake District sind gut in der 6. Klasse einsetzbar. Der Film stellt einen deutlichen Kontrast zu den bekannten Animationsfilmen dar und eignet sich von der Handlungsstruktur gut für diese Altersstufe.

HENSELER/MÖLLER/SURKAMP (2011) benennen in ihrem Vorschlag für ein Filmcurriculum die folgenden Kompetenzformulierungen für die Klassen 5 und 6. Die Schüler

- erkennen und beschreiben einzelne Elemente von Standbildern,
- entnehmen einfachen und authentischen Filmsequenzen wesentliche Informationen,
- verfolgen Filmsequenzen mit Blick auf wesentliche Merkmale von Figuren und Handlungsablauf,
- erproben durch die handlungs- und produktionsorientierte Beschäftigung mit diesen Filmsequenzen spielerisch andere Sichtweisen,
- bearbeiten gelenkte Aufgaben zum detaillierten, suchenden bzw. selektiven und globalen Hören und Sehen,
- bringen nonverbal und verbal ihr eigenes Filmerleben zum Ausdruck.

Die folgende Zusammenstellung von Filmen für Klasse 5 und 6 erhebt keinen Anspruch auf Vollständigkeit, kann aber als Ausgangspunkt für weitere Überlegungen zur Filmauswahl dienen. In den seltensten Fällen wird eine exakte Trennschärfe in der Zuordnung zu bestimmten Klassenstufen möglich sein. Dennoch sind bestimmte Filme auch mit Blick auf Handlungsverläufe und Inhalte für die jeweiligen Altersstufen denkbar. In diesem Sinne verstehen sich die Zusammenstellungen von Filmen für die verschiedenen Altersgruppen als Vorschläge.

Klassenstufe 5–6

Spielfilm:
- *The Race* (Rown O'Neill, André F. Nebe, 2009, IRL, GER)
  Trailer: www.youtube.com/watch?v=7JOpeJqX1yA

Animierter Spielfilm:
- *Curious George* (Ken Kaufmann, Matthew O'Callaghan, 2006, USA)
  Trailer: www.imdb.com/title/tt0381971
- *Wallace & Gromit in The Curse of the Were-Rabbit* (Nick Park, Nick Park, 2005, UK)
  Trailer: www.youtube.com/watch?v=566_PBg6jkE

Animierter Kurzfilm:
- *For the birds* (Ralph Eggleston, Ralph Eggleston, 2000, USA)
  Film: www.youtube.com/watch?v=dJ4Nnr0MXKY

Klassenstufe 5–6

Live-Action Fernsehserie:

- *Grandpa in my pocket: The wonderful world of Mr. Whoops* (Richard Bradley, 2009, GB)
  Film: www.youtube.com/watch?v=d0xZWAibJm8

Animierte Fernsehserie:

- *Horrid Henry: Sports Day* (Dave Unwin, 2006, UK)
  Film: www.youtube.com/watch?v=VJbVTgO1bTs&feature=related

Trailer:

- *Charlotte's Web* (Susannah Grant/Karey Kirkpatrick, Gray Winick, 2006, USA/GER)
  Trailer: www.youtube.com/watch?v=ORMcpzpmLTU

Abb. 26: Filmauswahl für die Klassen 5 und 6

In den **Klassen 7 und 8** sollten Beobachtungsaufgaben zum suchenden Hören und Sehen fortgeführt werden. Bei der Filmauswahl können jugendgemäßere Themen berücksichtigt werden. Filmanalytische Termini können in einfacher Form eingeführt und angewendet werden.

Ice Age (Regie Chris Wedge) ist ein Beispiel für einen witzigen, aber nicht zu kindlichen Zeichentrickfilm. Die Sprache ist gut verständlich und der Plot nicht zu kompliziert. Bei dieser *quest story* werden drei ganz unterschiedliche Tiere durch den Versuch vereint, ein menschliches Baby zurück zu seiner Sippe zu bringen. Der Film wird durch die humorvolle Darstellung der Eiszeit und die individualistische Darstellung der Hauptfiguren interessant für Lerner dieser Altersgruppe. Der einsträngigen Handlung kann gut gefolgt werden. Die Effekte bei diesem und ähnlichen Animationsfilmen *(Madagascar, Over the Hedge, Ratatouille etc.)* sprechen Schüler an und können für die Initiierung aktivierender und kommunikativ orientierter Verfahren genutzt werden (vgl. dazu ausführlich Burwitz-Melzer 2004).

Beispiel: Stummfilme

Das Potenzial von Stummfilmen auch – und gerade – im Fremdsprachenunterricht ist noch wenig in den Blickpunkt gerückt. Charlie Chaplins *City Lights* von 1931 bietet aber für Schüler ab Klasse 7 viele Gelegenheiten für motivierende – und kommunikative – Unterrichtssituationen. Einsatzmöglichkeiten umfassen u. a. die Beschreibung und Kommentierung von Filmsequenzen, das Arbeiten mit Standbildern, die Entwicklung von Dialogen für einzelne Szenen oder die Beschreibung und Kommentierung von Szenenbildern (vgl. Eschbach 2008).

Der Kurzfilm *New Boy* (Regie S<small>TEPH</small> G<small>REEN</small>) von 2007 ist ein Kurzfilm, der sich gut eignet für Hörsehverstehensübungen sowie als Sprech- und Schreibanlass in den Klassen 7 und 8. Der Film hat auch ein interkulturelles Potenzial, denn er erzählt die Geschichte von Joseph, einem afrikanischen Jungen, der seinen ersten Schultag an seiner neuen Schule in Irland in feindseliger Atmosphäre erlebt. Dem Handlungsverlauf kann man einfach folgen, zudem ist der Film nur knapp 11 Minuten lang und bietet altersspezifisch relevante Themen wie *bullying*, Isolation und die Erfahrung eines Außenseiters in der Schule (vgl. M<small>ÖLLER</small> 2011).

Nach H<small>ENSELER</small>/M<small>ÖLLER</small>/S<small>URKAMP</small> (2011) können u. a. die folgenden Kompetenzformulierungen für die Klassen 7 und 8 gefasst werden. Die Schüler

- können authentischen, jugendgemäßen und problemorientierten Filmsequenzen wichtige inhaltliche und formale Informationen (Figuren, Handlungsverlauf, Schauplatz) entnehmen und diese wiedergeben,
- beschreiben die eigene Filmnutzung und die emotionale Wirkung ihres persönlichen Filmerlebens,
- bearbeiten offenere Aufgaben zum detaillierten, suchenden bzw. selektiven und globalen Hören und Sehen,
- können bezogen auf die Ton- und Bildspur bestimmte Elemente der *mise-en-scène* und des *sound* erkennen, benennen und mit einfachen fachsprachlichen Begriffen beschreiben,
- können unterscheiden, welche Informationen auf der Ton- und welche auf der Bildebene vermittelt werden.

Die folgende Auswahl von Filmen für Klasse 7 und 8 berücksichtigt unterschiedliche Filmgenres. Sie stellt einen Versuch dar, mit Blick auf die Anforderungen dieser Altersgruppe spezifische inhaltliche und sprachliche Aspekte zu berücksichtigen.

Klassenstufe 7–8

Spielfilm:
- *Diary of a Whimpy Kid* (Jackie Filgo, Thor Freudental, 2010, USA)
  Trailer: www.youtube.com/watch?v=S5JeFffjw-4
- *Son of Rambow* (Garth Jennings, Garth Jennings, 2007, UK)
  Trailer: www.imdb.com/title/tt0845046

Animierter Spielfilm:
- *Up* (Pete Doctor/Bob Peterson, Pete Doctor/Bob Peterson, 2009, USA)
  Trailer: www.youtube.com/watch?v=qas5lWp7_R0&feature=related
- *Coraline* (Henry Selick, Henry Selick, 2009, USA)
  Trailer: www.youtube.com/watch?v=LO3n67BQvh0

Live-Action Kurzfilm:
- *New Boy* (Steph Green, Steph Green, 2007, IRE),
  Trailer: www.youtube.com/watch?v=FdeioVndUhs&ob=av1e
- *Pentecoast* (Peter McDonald, Peter McDonald, 2011, IRE)
  Trailer: www.youtube.com/watch?v=Hobilcdk0Rc

Animierter Kurzfilm:
- *The boy in the bubble* (Kealan O'Rourke/Niall Murphy, Kealan O'Rourke, 2011, IRL)
  Film: www.theboyinthebubble.net

Dokumentarfilm:
- *Wonder House* (Oonagh Kearney, Oonagh Kearney, 2012, IRL)
  Einzelbilder: www.oonaghkearney.com/index.php?/work-in-progres/wonder-house
- *Super-size me* (Morgan Spurlock, Morgan Spurlock, 2004, USA)
  Trailer: www.youtube.com/watch?v=LOvrkkj_T-I

Trailer:
- *Alice in Wonderland* (Linda Woolverton, Tim Burton, 2010, USA)
  Trailer: www.youtube.com/watch?v=9POCgSRVvf0

Werbung:
- My sky: *60 things in 60 seconds* (Sky TV, DDB New Zealand, 2011, NZL)
  Clip: www.funnycommercialsworld.com/my-sky-commercial-60-things-in-60-seconds-created-by-ddb-new-zealand-4858.html
- Sainsbury's *Red Nose Day* (Sainsbury's, AMV BBDO, 2011, UK)
  Clip: www.funnycommercialsworld.com/sainsburys-ad-campaign-with-jamie-oliver-in-support-of-red-nose-day-4830.html

Didaktisierter Film/pädagogische Filme:
- *Horrible Histories – I'm a knight* (CLIL)
  www.youtube.com/watch?v=3EgWb_89Uow&feature=related

Abb. 27: Filmauswahl für die Klassen 7 und 8

In den **Klassen 9 und 10** können längere Filmausschnitte und komplexere Aufgabenformate bearbeitet werden. Das fachspezifische Vokabular sollte erweitert werden. Filmische Darstellungsformen können kritisch reflektiert werden. Mündliche und schriftliche Formen filmanalytischer und handlungsorientierter Arbeit mit Filmen kommen zum Einsatz und wechseln sich ab.

Beispiel: Kurzfilme Der vierminütige Kurzfilm *Tough Enough* (LUKAS BLAKK, 2004) vermittelt Eindrücke von der Erfahrung des Heranwachsens ohne eindeutiges Zugehörigkeitsgefühl zu einem Geschlecht. Die Erfahrung des Andersseins – hier aufgrund einer sogenannten transidentischen Perspektive – kann auch filmanalytisch erschlossen werden. Beobachtungen zu *camera and editing*, *sound, time* können dabei zum Thema in Bezug gesetzt werden. Nicht nur das Thema, sondern auch die Kürze des Films machen *Tough Enough* zu einem außergewöhnlichen und empfehlenswerten Filmerlebnis für die Klassenstufen 9 und 10 – und durchaus auch darüber hinaus (vgl. dazu ausführlich Kleiner/Decke-Cornill 2011).

Der bekannte britische Film *About a Boy* (Regie: Chris und Paul Weitz), der 2002 auf der Grundlage des Romans von Nick Hornby entstand, ist ein altersangemessener Film mit einem klaren Handlungsverlauf und einer Thematik, die viele Heranwachsende anspricht. Filmtechnisch interessante Szenen lassen sich in den Blick nehmen, ein Vergleich mit der literarischen Vorlage (eher ab Klasse 10 als 9) ist auch möglich. Die Technik des *voiceover* lässt sich gut behandeln, eine Reihe sehr humorvoller, aber auch melancholischer Szenen legen den Einsatz handlungsorientierter und kreativer Verfahren nahe (vgl. ausführlich Gymnich 2004).

Henseler/Möller/Surkamp (2011) legen für diese Klassenstufe u. a. die folgenden Überlegungen für Kompetenzbeschreibungen vor. Die Schüler
* erschließen jugendgemäße, problemorientierte sowie komplexe Themen und behandeln Filmsequenzen aus unterschiedlichen (auch kulturellen) Perspektiven,
* erkennen, beschreiben und analysieren das Zusammenspiel von Bild- und Tonspur, um sich auch produktionsorientiert mit Filmsequenzen auseinanderzusetzen,
* erkennen, beschreiben, analysieren und bewerten eine große Bandbreite filmischer Gestaltungsmittel (bezogen auf Bild-, Ton- und Montageverfahren),
* vergleichen medial vermittelte Lebensbedingungen und Lebensweisen von Menschen anderer Kulturen mit den eigenen und können kulturbedingte Unterschiede und Gemeinsamkeiten nachvollziehen und erläutern,
* beschreiben und reflektieren ihr persönliches Filmerleben und ihre individuellen Rezeptionserfahrungen mit dem Medium Film.

Für diese Altersstufe geeignete Filme unterschiedlicher Genres werden im Folgenden genannt.

Klassenstufe 9-10

Spielfilm:
- *Eye of the Dolphin* (Michael D. Sellers, Michael D. Sellers, 2006, USA)
  Trailer: www.youtube.com/watch?v=n07tQzv-NhM
- *St. Trinian* (Piers Ashworth, Oliver Parker/Barnaby Thompson, 2007, UK)
  Trailer: www.youtube.com/watch?v=QW1xuCXABVc

Animierter Spielfilm:
- *Howl's Moving Castle* (Hayao Miyazaki, Hayao Miyazaki, 2004, JPN)
  Trailer: www.youtube.com/watch?v=0zfxUkfkT9k

Live-Action Kurzfilm:
- *Creative License* (Cathy Azana, Paolo Dy, 2010, USA)
- Film: www.paolody.com/short-films/2010/11/16/creative-license.html

Animierter Kurzfilm:
- *E. T.A.* (Søren Pødenphant Andersen, Henrik Bjerregaard Clausen, 2008, DEN)
  Film: www.animationsfilme.ch/2011/12/30/e-t-a-marvin-und-der-langweiligste-job-der-welt/
- *Back to the Start* (Johnny Kelly, 2011, UK)
  Film: www.motionographer.com/2011/08/30/johnny-kelly-back-to-the-start
- *The lost thing* (Shaun Tan, Andrew Ruheman/Shaun Tan, 2010, AUS/UK)
  Trailer: www.youtube.com/watch?v=kikA9pUAnWs

Dokumentarfilm:
- *Grizzly Man* (Werner Herzog, Werner Herzog, 2005, USA)
  Trailer: www.youtube.com/watch?v=gWycuaWJFCM

Trailer:
- *Millions* (Frank Cottrell Boyce, Danny Boyle, 2004, UK)
  Trailer: www.youtube.com/watch?v=thwQYOeTSKc
- *Darius goes West* (Logan Smalley, 2007, USA)
  Trailer: www.dariusgoeswest.org/videos/darius-goes-west-high-speed-chase
  Website: www.dariusgoeswest.org/school-program/index.html

Werbung:
- Google Chrome: *Dear Sophie* (Google, Calle Sjoenell u. a., 2011, USA)
  Clip: www.youtube.com/watch?v=R4vkVHijdQk
- Nissan Leaf: *Polar Bear* (Nissan, Daniel Kleinman, 2010, USA)
  Clip: www.adland.tv/commercials/nissan-leaf-polar-bear-2010-60-usa

Musikvideo:
- Alicia Keys: *Superwoman* (2008, Regie: Chris Robinson)
  Clip: www.myvideo.de/watch/5107389/Alicia_Keys_Superwoman

Abb. 28: Filmauswahl für die Klassen 9 und 10

Die Filmarbeit in den **Klassen 11 und 12** erfolgt in zunehmend komplexeren Projekten. Die Schüler arbeiten einzeln und in Gruppen selbstständig an Filmausschnitten und kompletten Filmen. Sowohl sprachlich als auch inhaltlich werden anspruchsvollere Formate erarbeitet. Für diese Klassenstufen liegen die meisten Unterrichtsvorschläge vor. Hier gibt es eine schier unerschöpfliche Auswahl an Filmen. Wenn Schüler schon früh und umfassend mit Filmen gearbeitet haben, sind in dieser Altersstufe vertiefte Filmanalysen möglich, die kritisch-reflexive und kreativ-handlungsorientierte Zugriffe möglich machen.

Der Einsatz von Dokumentarfilmen, z.B. *An Inconvenient Truth*, ist zunehmend neben der klassischen Literaturverfilmung in den Jahrgangsstufen 11 und 12 zu beobachten. Shakespeare-Verfilmungen und thematische Filmreihen (zu interkulturellen Themen oder Global Education) finden sich hier ebenfalls (vgl. Kap. 3.3). *Beispiel: Dokumentarfilme*

Nach HENSELER/MÖLLER/SURKAMP (2011) sind für diese Altersstufe u.a. folgende Kompetenzformulierungen möglich. Die Schüler
- erkennen, beschreiben und analysieren eine große Bandbreite filmischer Gestaltungsmittel (bezogen auf Bild-, Ton- und komplexere Montageverfahren),
- vergleichen eine literarische Vorlage mit ihrer filmischen Transformation; erkennen, beschreiben, analysieren und bewerten die ästhetischen Besonderheiten der unterschiedlichen Medien,
- fällen Urteile über den manipulativen Charakter audiovisueller Darstellungsverfahren (rezeptions- und sympathielenkende Wirkung),
- verstehen Filme als kulturelle Ausdrucksträger und deuten sie im Rahmen eigen- und fremdkultureller Bezugssysteme,
- erkennen, analysieren und bewerten die Bedeutung von Filmen für die Meinungs- und Bewusstseinsbildung (inkl. rezeptions- und sympathielenkende Wirkung),
- kommunizieren und reflektieren über ihre individuellen Rezeptionserfahrungen.

Die folgende Zusammenstellung bildet nur einen kleinen Teil des möglichen Filmspektrums ab, das in dieser Altersstufe zum Einsatz kommen kann. Es soll Anregungen für unterschiedliche Genres liefern.

Klassenstufe 11–12

Spielfilm:
- *The Tree of Life* (Malick Terrence, Malick Terrence, 2011, USA)
  Trailer: www.youtube.com/watch?v=n07tQzv-NhM
- *Never Let Me Go* (Alex Garland, Mark Romanek, 2011, UK, USA)
  Trailer: www.youtube.com/watch?v=EUPsKjdtQSM

Live-Action Kurzfilm:
- *Sikumi (On the Ice)* (Andrew Okpeaha MacLean, Andrew Okpeaha MacLean, 2008, USA)
  Film: http://jasonbkohl.com/great-shorts
- *Qwerty* (Paolo Dy, Paolo Dy, 2007, PHI)
  Film: www.paolody.com/featured-work/2011/7/16/qwerty-a-short-suspensethriller.html
- *The Song of Lunch* (Niall MacCormick, Niall MacCormick, 2010, UK)
  Film: www.movie2k.to/movie-506986-The-Song-of-Lunch-film.html

Animierter Kurzfilm:
- *I Met the Walrus* (Josh Raskin, Josh Raskin, 2008, CAN)
  Film: www.onlineshortfilms.net/watch/i-met-the-walrus-video_e98cbe659.html

Dokumentarfilm:
- *Waiting for 'Superman'* (Davis Guggenheim/Billy Kimball, Davis Guggenheim, 2010, USA)
  Trailer: www.youtube.com/watch?v=yFN0nf6Hqk0
  Website: www.waitingforsuperman.com/action
- *Food Inc.* (Robert Kenner, Robert Kenner, 2008, USA)
  Trailer: www.youtube.com/watch?v=5eKYyD14d_0
  Website: www.foodincmovie.com
- *Biography Barack Obama*
  Film: www.topdocumentaryfilms.com/biography-barack-obama
  Trailer:
- *The Bourne Identity* (Tony Gilroy/W. Blake Herron, Doug Liman, 2002, USA/GER/CZE)
  Trailer: www.youtube.com/watch?v=2tqK_3mKQUw
- *Avatar* (James Cameron, James Cameron, 2009, USA/UK)
  Trailer: www.youtube.com/watch?v=d1_JBMrrYw8
- *The Kids are All Right* (Lisa Cholodenko/Stuart Blumberg, Lisa Cholodenko, 2010, USA)
  Trailer: www.youtube.com/watch?v=bdDSqgZ87fM

Klassenstufe 11–12

Werbung:

- Mercedes Benz SL500: *Lucky Star* (Mercedes, Michael Mann, 2002, UK)
  Clip: www.themoviewatch.blogspot.com/2011/07/weekly-ad-classics-michael-mann.html
- Chanel No 5: *The Film* (Chanel, Baz Luhrman, 2004, USA)
  Clip: www.funnycommercialsworld.com/chanel-no5-commercial-the-film-nicole-kidman-387.html

Musikvideo:

- Pearl Jam: *Do the Evolution* (1992, Produzent: Joe Pearson)
  Clip: www. mtv.de/videos/19198527-pearl-jam-do-the-evolution.html
- Pink: *Dear Mr. President* (2007, Regie: Jade Strickland, Ollie Wilkinson)
  Clip: www. mtv.de/videos/19884974-pink-dear-mr-president.html
- Greenday: *Sunset Boulevard of Broken Dreams* (Regie: Samuel Bayer)
  Clip: www. mtv.de/videos/262760-green-day-boulevard-of-broken-dreams.html
- Eminem feat. Dido: *Stan* (2000, Regie: Philip Atwell, Dr. Dre)
  Clip: www. mtv.de/videos/20266274-eminem-stan-long-version.html

Didaktisierter Film/pädagogische Filme

- *'Where are You?'* (Mark C. Eshleman, USA, 2011)
  Clip: www.whatsyourstory.trendmicro.com/internet-safety/pg/winners-2011

Abb. 29: Filmauswahl für die Klassen 11 und 12

3.3 „Reading films": Filmbildung im fortgeschrittenen Fremdsprachenunterricht

Filme „lesen lernen" – als Ziel für den Fremdsprachenunterricht taucht diese Formel in fremdsprachendidaktischer Literatur immer wieder auf. Mit dem Begriff Filmbildung wird dabei ein Zugang zum audiovisuellen Medium beschrieben, der nicht nur auf Hörsehverstehenskompetenzen und einzelne Aspekte des Filmverstehens abzielt. Beim Aufbau einer umfassenden *film literacy* geht es nicht nur um die vom Lehrer gesteuerte Filmanalyse oder den gelegentlichen Einsatz kreativer *post-viewing activities*.

Das Filmerleben und die Einordnung der audiovisuellen Erfahrung in größere thematische Kontexte stehen hier im Vordergrund.

Im fortgeschrittenen Englischunterricht sollten daher Inhalte und Methoden so gewählt werden, dass komplexere Zugänge zum Film möglich werden. Selbstständigere Formate, umfangreichere und handlungsorientierte Film-Aufgaben, thematisch fokussierte Filmvergleiche, intermediale Zugänge (Text-Film-Vergleiche) und projektorientierte Zugänge, die das Internet genauso einbeziehen wie das Kino als außerschulischen Lernort, können für die Vielfalt audiovisueller Welten sensibilisieren. Für Lehrkräfte ergibt sich – wie so oft – die Qual der Wahl, denn nicht nur die Filmauswahl, sondern auch die Entscheidung für bestimmte methodische Zugänge, insbesondere bei größeren und zeitintensiveren Filmprojekten, spielen eine wichtige Rolle.

Im Englischunterricht geht es nicht darum, Schüler zu einer im filmwissenschaftlichen Sinne perfekten Filmanalyse zu befähigen. Auch im fortgeschrittenen Unterricht geht es vielmehr darum, eine gute Balance aus den verschiedenen Kompetenzen des Filmverstehens (vgl. Kap. 3.2) anzustreben, dies aber mit einem größeren Grad an Eigenverantwortlichkeit und Selbstständigkeit umzusetzen.

Allgemeine Überlegungen zur „film literacy"

Um dem Ziel einer umfassenden *film literacy* näher zu kommen, sollten folgende allgemeine Überlegungen berücksichtigt werden:

• Filme sollten **nicht nur als thematische „Steinbrüche"** gesehen werden, die Sprechanlässe generieren (z. B. zu interkulturellen Themen in Filmen wie *Bend It Like Beckham*). Dieses Potenzial besitzen sie zwar auch, aber im Englischunterricht sollte bei der Behandlung des Mediums Film der Blick auf seine besonderen Darstellungsverfahren (*Wie* erzählt der Film?) immer die intensive Auseinandersetzung mit den Inhalten (*Was* erzählt der Film?) ergänzen. Wenn die Verbindung dieser beiden Aspekte explizit thematisiert und durch entsprechende Themenstellungen und Projekte in den Blickpunkt gerückt wird, ist ein wichtiger Schritt getan.

- Beim Einsatz von Filmen im Englischunterricht sollte ein **Bewusstsein für die Konstruiertheit der dargestellten filmischen Wirklichkeit** geschaffen werden. Filme erzählen, bebildern und vertonen Geschichten. Die suggestive Kraft dieser Bilderwelten ist enorm, sie setzt Emotionen frei und regt zum Nachdenken an. Dieses intensive – häufig auch genussreiche – Filmerleben steht im Zusammenhang mit dem Einsatz filmischer Mittel. Besonders im fortgeschrittenen Englischunterricht kann dies zum Thema gemacht werden.

Film und kulturelles Lernen

Als authentische Kulturprodukte bieten fremdsprachige Filme auch die Gelegenheit für interkulturelles Lernen. Filme wie *Bend It Like Beckham, East is East* oder *Crash* werden daher häufig im Fremdsprachenunterricht eingesetzt.

Damit keine naiv-distanzlose Rezeption erfolgt, muss darauf geachtet werden, wie der Film als Kunstform kulturelle Aspekte inszeniert, damit durch die vermeintliche Authentizität keine distanzlose Rezeption erfolgt (vgl. Lütge 2012). Dabei geht es auch um die Frage, wie Filme durch Bild und Ton manipulieren können, wie sie unseren Blick auf die Welt beeinflussen und dadurch die Wahrnehmung fremdkultureller Welten verändern. Generalisierende und pauschalisierende Fragen sollten vermieden werden (z.B. *"What can we learn about India from this film?"*). Mit Blick auf den Film *Bend it like Beckham* formuliert Bredella (2004, 32):

- *How is the relationship between white people and British citizens of Indian origin presented?*
- *What are the important conflicts in the film and what is their outcome?*
- *How is the dominant culture presented in "Bend It Like Beckham"?*

Ein Modell für (inter)kulturelles Lernen mit Filmen sieht eine Unterteilung in drei Phasen vor (vgl. Lütge 2012):

- Culture-Sensitive Perception: Visions and Sounds of Otherness
- Evaluating Cultural Images
- Imag(in)ing Alternatives

Culture-Sensitive Perception: Visions and Sounds of Otherness

Methodische Verfahren, die für kulturelle Phänomene unterschiedlicher Art sensibilisieren, können im Bereich der Literaturverfilmung die Spezifik des Audiovisuellen explizit nutzen, um die Wahrnehmung der Lerner im Sinne einer „Bild-Medien-Bildung" (Seidl 2007, vgl. auch Hallet 2010) zu fördern. Fragestellungen, wie Frauen und Männer, wie Angehörige aus bestimmten Kulturkreisen oder mit ethnischen, religiösen Zugehörigkeiten durch die Art der Kameraführung präsentiert werden (etwa mit Blick auf Perspektive und Winkel), sind hier zu nennen. Die auditive Dimension in der Darstellung spielt dabei auch immer eine besondere Rolle. Wie „klingen" Männer und Frauen? Tonlage und Intonation können genauso wie der Einsatz von Filmmusik für Verfremdungseffekte genutzt werden, mit den Erwartungen der Zuschauer spielen und für methodische Verfahren genutzt werden, die die audiovisuelle Interpretation des Films für eine interkulturelle Sensibilisierung nutzen.

- *How does the camera portray character x? Think of close-ups and camera angles. Is there a development visible over time?*
- *Describe the filmic devices that trigger comic relief during the encounter of character x with character y. How are elements of ethnic identity used in this context?*
- *How are members of majority or minority groups presented audiovisually? Are there any characteristic sounds, music or colour connected to one of the groups?*
- *Is music used as a leitmotif for the depiction of cultural otherness?*

Evaluating Cultural (Film) Images

Methodische Verfahren, die die kritische Reflexion und Evaluation von Filmbildern anregen, können insbesondere die audiovisuelle (De-)Konstruktion von Geschlechterperspektiven für den Fremdsprachenunterricht anregen und die Darstellung von Minderheiten oder von Angehörigen bestimmter Randgruppen in den Blick nehmen. Eine Reihe von Beobachtungsaufgaben, die Gesprächsanlässe für interkulturell relevante Fragestellungen liefern, ist denkbar. Die filmische Ausgestaltung der Lebenswelten von Menschen mit unterschiedlicher nationaler, ethnischer oder kultureller Identität durch die Regie, etwa in dichotomisierendem („us and them") oder kontrapunktierendem („multiple identities") Modus sollte bewusst in den Unterricht einbezogen werden. Hier bietet sich insbesondere der Vergleich mit der literarischen Vorlage an, denn Schülerinnen und Schüler können durch eine kritische Betrachtung der filmischen Transformation des Textes eine veränderte Sicht auf den Text werfen und zu selbstreflexivem eigenen Überdenken binärer Strukturmuster angeregt werden.

- *Compare minority/majority families. How are fathers/mothers depicted? Does this reveal anything about gender roles and ethnic backgrounds and their interrelatedness?*

- *Who gets to laugh and who is laughed about or ridiculed? Evaluate how male and female characters of different cultural backgrounds are presented.*
- *Which characters seem to have the most interesting plans/lead a most boring life? Does this vary by ethnic background, sex, age?*

Imag(in)ing Alternatives

Methodische Verfahren, die den medialen Kontrast zwischen Text und Film in den Fokus nehmen, eignen sich dafür, über Alternativen nachdenken zu lassen. Die Erkenntnis, dass eine Literaturverfilmung lediglich eine mögliche Lesart des Textes liefert, kann für kreative Zwecke genutzt werden, die eine intensive Auseinandersetzung mit ausgewählten Aspekten anregen. Aspekte rund um die Geschlechterrolle, das „gefühlte" Anderssein und die Suche nach der eigenen Identität in einer komplexen, teilweise als widersprüchlich erlebten Welt, legen die Reflexion über mögliche Alternativen nahe. Wie hätte mit filmtechnischen Details ein anderes Szenario erzeugt werden können? Verstärkt die Verfilmung ethnische oder geschlechterperspektivierte Klischees, die im Text nicht vorhanden sind oder nur angedeutet werden? Wie hätten andere Schauspieler diese Effekte verstärkt oder abgeschwächt? Wie hätte die Verfilmung durch alternative auditive Elemente (Filmmusik, *voiceover*, spezifische Tonlagen für männliche und weibliche Stimmen, lärmendes Stimmengewirr bei der Präsentation von Festlichkeiten ethnischer Minderheiten oder eben dies gerade nicht) verändert werden können?

- *How else might character x have been portrayed (think of clothing, language, gestures)?*
- *Imagine a famous actress you know for the role of character x. How would this have changed the atmosphere of the whole film?*
- *Pick any character and imagine how he or she would have changed if the author/film director had assigned him or her a different cultural background, sex or age.*
- *Suggest musical alternatives for the film version. Think of examples supporting the atmosphere or creating a counter-productive effect.*

Filmtitel	Jahr	Regisseur
East is East	1999	Damien O'Donnell
Bend It Like Beckham	2002	Gurinder Chadha
Crash	2004	Paul Haggis

Filmtitel	Jahr	Regisseur
Ae Fond Kiss	2004	Ken Loach
The Buddha of Suburbia (TV mini-series)	1993	Roger Michell
Anita and Me	2002	Metin Hüseyin
Whale Rider	2002	Niki Caro
Brick Lane	2007	Sarah Gavron
Monsoon Wedding	2001	Mira Nair
Slumdog Millionaire	2008	Danny Boyle
Rabbit-Proof Fence	2002	Phillip Noyce
My Big Fat Greek Wedding	2002	Joel Zwick
My Beautiful Laundrette	1985	Stephen Frears
Hotel Rwanda	2004	Terry George
Lost in Translation	2003	Sofia Coppola
Salaam Bombay!	1988	Mira Nair
This is England	2006	Shane Meadows

Abb. 30: Intercultural Encounters, Transcultural Learning

Impulse geben durch performative Verfahren

Performative Verfahren sind geeignet, um der Arbeit mit Filmen wichtige Impulse zu verleihen. Die szenische Inszenierung des Ausschnitts einer literarischen Vorlage vor der Betrachtung der Literaturverfilmung ist eine Möglichkeit. Ebenso ist das Nachspielen von Filmszenen (auch ohne literarische Vorlage) oder das Nachstellen von Standbildern denkbar, um Schülern ein Bewusstsein für die Wirkung, die mit einer Visualisierung einhergeht, vor Augen zu führen. Eine Schnittstelle zwischen dramen- und filmdidaktischen Ansätzen ist schon dadurch gegeben, dass die Realisierung eines Filmes nicht nur filmtechnische Arrangements erfordert, sondern immer auch an die schauspielerische Darstellung der Figuren gebunden ist:

„Erzählen ist in den audiovisuellen Medien zumeist verbunden mit dem Darstellen. Darin liegt die Besonderheit des Audiovisuellen, dass es durch die inzwischen schon scheinbar selbstverständliche technische Verbindung von Bild und Ton die Bilder erzählbar macht und damit zugleich das Erzählen visualisiert.“

(HICKETHIER *2001, 25*)

Auf der Grundlage von Baz Luhrmanns *Romeo and Juliet*-Verfilmung zeigt Ott Möglichkeiten der Schüleraktivierung, die u. a. auch durch das moderne *setting* des Films (Bandenkrieg an einer Tankstelle in den USA) begünstigt werden. Die Beibehaltung der Originalsprache sieht sie dabei nicht als Schwierigkeit, „sondern als Chance (...), denn die Schüler waren so gezwungen, sich wesentlich mehr auf die Bildersprache zu konzentrieren und ihre Botschaften zu entschlüsseln" (Ott 2000, 22). Ott beschreibt, wie Schüler anhand von *Romeo and Juliet* eigene Ideen zur Umsetzung der ersten Filmszene entwickelten (Ott 2000, 23).

Beispiel: Romeo and Juliet

- **Bewegungsdiagramme:** In Form einer Skizze werden mit einfachen Symbolen die Positionen der Schauspieler und ihre Bewegungs- und Blickrichtungen verdeutlicht. Dieses Verfahren bietet sich als Gruppenarbeit an, bei der die Szene einerseits gemeinsam besprochen, andererseits aber auch szenisch nachgestellt werden kann. Die Anfertigung von Bewegungsdiagrammen bietet also etwa im Rahmen einer *pre-viewing activity* die Möglichkeit, in gemeinschaftlicher Arbeit Überlegungen zur Inszenierung einer Textstelle anzustellen. Auch für Schüler, die sich nicht gerne exponieren und selbst an szenischen Inszenierungen teilnehmen möchten, kann diese Vorgehensweise empfehlenswert sein.
- **Szenisches Umsetzen:** Die Schüler überprüfen die Praktikabilität ihrer Bewegungsdiagramme, indem der Raum durchschritten wird, die anvisierten Positionen eingenommen oder Blickrichtungen geändert werden. So können Ideen auch verworfen und neu entwickelt werden. Die körperliche Erfahrbarkeit wirkt motivierend und schüleraktivierend und bietet Möglichkeiten zur Entwicklung kreativer und ästhetischer Kompetenzen, die der Filmanalyse wiederum zugute kommen (vgl. Lütge 2007a).

Eine Filmszene kann auch zum Anlass genommen werden, um Standbilder zu bauen, Leerstellen zu füllen und nachspielen zu lassen (eine Szene, die es nicht gibt, einen Dialog, der möglich gewesen wäre, die Weiterführung einer begonnenen Szene usw.).

Film und Internet

Rund um die Thematik Kino und Filmbildung gibt es viele Internetseiten, die Lerner für Rechercheprojekte nutzen können. Hilfreiche Anregungen, Materialien, Filmanalysen, *study guides*, Bezugsquellen für Filme und Informationen über Kinoveranstaltungen für Schüler können auf diesen Seiten recherchiert werden:

*Recherche-
möglichkeiten*

- Onlineportal für Filmbildung: www.kinofenster.de
- Lernort Kino: www.lernort-kino.de
- Bundesverband Jugend und Film e. V.: www.bjfev.de
- Filmforum Schule: www.filmforumschule.de
- FWU Filmempfehlungen: www.fwu.de
- Vision Kino: www.vision-kino.de

Für den Einsatz von Filmen im Englischunterricht gibt es umfangreiche Materialsammlungen mit methodisch-didaktischen Vorschlägen:

- **British Film Institute:** www.bfi.org.uk/education. In der Rubrik *learning resources* gibt es für Lehrkräfte eine Vielzahl von Materialien, die im Unterricht einsetzbar sind. *Film education guides*, Handreichungen für den Einsatz von Filmen auch mit jüngeren Lernern sowie Listen zu filmspezifischen Termini bieten viele Ideen und Anregungen, aber vor allem auch Hintergrundinformationen für Lehrkräfte, die sich über aktuelle englischsprachige Filme informieren möchten und methodische Anleitungen suchen.
- **Film Education:** www.filmeducation.org. Hier sind besonders die Rubriken *resources* und *staffroom* zu nennen. *Resources* bietet *film clips*, *activities* und die Möglichkeit für Schüler, in der *film library* über aktuelle Filme recherchieren zu lassen. Im *staffroom* gibt es wiederum viele Informationen für Lehrkräfte rund um das Unterrichten mit Filmen.
- **European Children's Film Association:** www.ecfaweb.org. Die Seite informiert über Filme, die besonders geeignet für Kinder und Jugendliche sind, über Filmfestivals und internationale Produktionen jenseits der großen Filmindustrie. Ein monatliches ECFA-Journal bietet eine interessante Lektüre für Schüler und Lehrer und kann zum Ausgangspunkt der Recherche über Filmprojekte gemacht werden.

Überblick: weitere englischsprachige Filmseiten

- **ESL Partyland:** *movie lessons* für Englischlehrende: http://www.eslpartyland.com/teachers/nov/film.htm
- **Media Teacher:** Ideen und Reflexionen rund um den Filmunterricht: http://mediateacher.squarespace.com/film-teaching-guides/
- **Teach with movies:** Seite mit Stundenentwürfen für den Filmeinsatz in verschiedenen Fächern: http://www.teachwithmovies.org/
- **Movie talk:** Webseite, auf der Schüler ihre Meinung zu Filmen, die sie gesehen haben, aufschreiben können: www.elfs.com/moviesEnt.html

- **Drew's Scripts-O-Rama:** eine Sammlung kompletter Filmskripte zu vielen englischsprachigen Filmen: www.script-o-rama.com
- **The Movie Turf:** bietet Links zu screenplays, Rezensionen, soundtracks: http://www.moviesturf.com
- **Oscar-Seite:** Webseite mit Listen der Oscar-Gewinner, einer Academy Award Database, picture posters und Quizfragen: www.oscar.com

Internet-Projekte zum Thema Film können auch als Webquests gestaltet werden. Webquests sind internetbasierte Verfahren, die die zeitintensive Suche von Informationen bündeln und Schülern einen strukturierten Zugang zu Internetquellen ermöglichen. Die Verlaufsstruktur setzt sich aus sechs Elementen zusammen: introduction – task – information sources – process – guidance – conclusion. Unter www.webquest.org findet sich eine Fülle an Informationen zur Umsetzung im Unterricht. Auch auf REINHARD DONATHS Internetseite www.englisch.schule.de gibt es Anregungen für die Erstellung von Webquests und weitere Links zum Thema.

Es gibt eine ganze Reihe von Anbietern, die das kostenfreie Erstellen von eigenen *webquests* ohne HTML-Kenntnisse ermöglichen (z. B. www.zunal.com) und gut geeignete Materialien, z. B. zur Filmsprache, bereithalten.

Auch der Einsatz von *Youtube*-Videos kann genutzt werden, um Einblicke – im wahrsten Sinne des Wortes – in unterschiedliche Filmkontexte zu erhalten. Dies kann in Gruppenarbeit erfolgen. Der Vergleich von *Youtube*-Videos ermöglicht es Schülern (und Lehrkräften), sich über bestimmte Filme zu informieren und an den kurzen Ausschnitten an ausgewählten Themenstellungen zu arbeiten. Anders als bei der Frontalpräsentation eines Films auf Bildschirm oder Projektionsfläche können hier die Schüler selbstständig, im eigenen Tempo und mit individuellen Aufgabenstellungen tätig werden. Auch die Produktion eigener (Kurz-)Filme kann auf diese Weise angeregt und mit Movie Maker umgesetzt werden. Mittlerweile findet man zu beinahe allen bekannten Literaturverfilmungen, die ausschnittweise auf *Youtube* zu sehen sind, auch school projects, die Schlüsselszenen nachspielen – in sehr unterschiedlicher Qualität. Dennoch ist der Einsatz von Videoportalen für das Unterrichten mit Filmen im Englischunterricht empfehlenswert, weil

- Schüler meist bereits eigene Erfahrungen mitbringen und man ihren *Youtube*-„Konsum" auch im Unterricht reflektieren kann,
- gemeinsam und einzeln Neues und Interessantes entdeckt werden kann, was der Arbeit mit audiovisuellen Medien insgesamt nützt,

Videoportale

- in kurzer Zeit viele Filme anhand von Ausschnitten kursorisch erschlossen werden können, um dann eine Auswahl für die vertiefte Arbeit zu treffen,
- Anregungen für eigene Filmproduktionen entstehen können,
- kooperative Lernformen eingesetzt werden können und die Schüler damit insgesamt zu einer weniger passiven Haltung geführt werden,
- kritisches Bewusstsein für mangelnde Qualität zum Thema des Unterrichts gemacht und damit die geforderte medienkritische Kompetenz gefördert werden kann.

THALER (2010c) unterscheidet zwischen zehn verschiedenen Lernebenen für den Einsatz von *Youtube*-Videos, denen er unterschiedliche Aufgaben und Aktivitäten zuordnet.

Nr.	Lernebene	Aufgaben/Aktivitäten
1	*Sampling*	Sichten von Videos auf den Videoportalen (z. B. www.youtube.com, video.google.com), online (*stream* im Webbrowser) oder lokal gespeichert (abspielbar z. B. mit FLV Player), Suchfunktionen und Hilfen verfügbar (z. B. *related videos* mit Titelangabe und *tags*, Bewertungssysteme, *Best-of*-Listen)
2	*Comprehending*	Überprüfen des Verständnisses, Training des Hörsehverstehens, Sprechen, Schreiben, Wortschatz, Grammatik, Pragmatik, wiederholte Vorführung und intensive sprachpraktische Arbeit aufgrund Kürze der Filme möglich
3	*Analysing*	Analyse von Authentizität (!), Autorenschaft, technischer Qualität, kinematografischen Techniken, Intention, Wirkungsgeschichte, soziokulturellem Kontext
4	*Commenting*	Kommentieren des Videos via *comment*-Funktion, Einzel-Kommentare oder Klassen-Mails, Verwendung des Bewertungssystems (bis zu fünf Sterne)
5	*Altering*	Veränderung bzw. Ergänzung der ausgewählten Videos, Hinzufügen von Untertiteln oder Bilduntertiteln schriften (z. B. mit Untertitel-Editor *Subtitle Horse*)
6	*Producing*	Eigenproduktion eines Clips, Planung und Durchführung, Aufnahmegeräte: Camcorder, Webcam, Digitalkamera, Handy
7	*Editing*	Editieren, Schnitt, Überblendeffekte, Titel, Musik (*pimping, modding*), Verwendung eines einfachen Video Editors (z. B. Movie Maker 2.1)

Nr.	Lernebene	Aufgaben/Aktivitäten
8	*Uploading*	Anlegen eines Benutzerkontos auf dem Videoportal, Hochladen des Videos (von Festplatte, Kamera), automatische Konvertierung ins Flash-Video-Format
9	*Evaluating*	Ansehen und Beurteilung: Qualität des Produkts, des Lernprozesses, des Kontextes (soziokultureller Status von Videoportalen)
10	*Sharing*	Gemeinsame Verfügung/Nutzung (von Diensten) und Teilhabe (an einem Portal), Schüler als Mitglieder einer *community*, Versenden an Freunde und Bekannte, Teilnahme an *groups* und *contests*

Abb. 31: Einsatz von Youtube-Videos (THALER 2010c)

Umfangreiche Filmprojekte können auch filmästhetische und medienkritische Aspekte fokussieren. Filme, die wie PETER WEIRS *The Truman Show* (1998) das manipulative Potenzial audiovisuell erzeugter Scheinrealitäten medial spiegeln, sind gut geeignet, um kritische Reflexionen anzustoßen. In Verbindung mit anderen Filmen wie ROBERT REDFORDS *Quiz Show* (1994) oder SIDNEY LUMETS *Network* (1976) lassen sich Filmreihen zusammenstellen, die thematisch verbunden eine Hinführung zu Fragen kritischer Mediennutzung ermöglichen. In diesem Zusammenhang kann auch auf das Wirkpotenzial von Dokumentarfilmen eingegangen werden, z. B. MICHAEL MOORES *Bowling for Columbine* (2002), *Fahrenheit 9/11* (2004) sowie DAVIS GUGGENHEIMS *An Inconvenient Truth* (2006). Fragen der Sympathielenkung lassen sich gerade anhand von scheinbar objektiven Dokumentarfilmen gut erarbeiten.

Thematisch verwandte *feature films* können für ungewöhnliche Filmprojekte genutzt werden, z. B. eignen sich viele *science fiction films* sehr gut zur Thematisierung philosophisch oder gesellschaftlich relevanter Fragen. In Ausschnitten betrachtet und geschickt miteinander verbunden, können Filme wie *The Matrix, A Space Odyssey, Minority Report, Blade Runner*, die vielen Schülern ohnehin bekannt sind, für motivierende und anspruchsvolle Filmprojekte genutzt werden (vgl. LÜTGE 2007b).

Eine Reihe von Filmen rund um Themenkomplexe wie Globalisierung und Nachhaltigkeit können in Projekten zu Global Education behandelt werden (vgl. Abb. 32).

Neben thematisch verbundenen Reihen können komplexere Projekte diverse Aktivitäten rund um Filme initiieren. STEMPLESKI/TOMALIN (2001) schlagen eine Reihe von Verfahren vor, die von Schülern mit einem höheren

Grad an Selbstständigkeit, häufig auch in Gruppenarbeit, und teilweise über längere Zeit bearbeitet werden können. Hier sollen jeweils eigene Erfahrungen, Meinungen und kreative Ideen einfließen, die den Filmprojekten eine individuelle Note verleihen.

Beispiele für Filmprojekte

- **Developing film treatments:** Auf der Grundlage von zufällig zusammengestellten *characters* und *settings* werden Ideen für einen Film entwickelt. Daraus können anschließend Filmskripte erstellt werden und Präsentationen der Filmprojekte, die von den Schülern weiterentwickelt und inhaltlich ausdifferenziert werden.
- **Film guides:** Schüler verfassen kurze Filmkritiken und erarbeiten dann gemeinsam einen *film guide*, der Informationen zu verschiedenen Filmen bündelt. Das gleichzeitige Arbeiten an unterschiedlichen Filmen lässt Flexibilität zu bei der Auswahl und individuellen Einteilung der Filme. Im Anschluss können grundlegende Fragen reflektiert werden, die sich mit der Wirkung des Mediums Film allgemein befassen (STEMPLESKI/TOMALIN 2001, 129).
  - *How do movie reviews influence whether or not people see a film? How are film reviews different from other types of newspaper articles?*
  - *What makes certain films popular? Why?*
  - *In your opinion, what makes a 'good' film?*
  - *How are films rated? In your opinion, are these rating systems effective?*
  - *What different people are involved in the creation of a film, and what do they do?)*
- **Film journals:** Die Lerner führen über längere Zeit ein *film journal*, in dem sie laufend aktuelle Filmbegegnungen dokumentieren. Sie notieren, welche Filme sie gesehen haben, fügen Kommentare ein. Zusätzliche Aufgaben, wie z. B. „Which character in the film would you most like to meet? What would you say to him or her?" können die Einträge ergänzen. Mit den *film journals* kann auch im Unterricht gearbeitet werden.
- **Film presentations:** Filmpräsentationen können zu einzelnen oder thematisch verbundenen Filmen erfolgen, in Einzel- oder Gruppenarbeit. Diese können zusätzliche Materialien einbeziehen und exemplarische Schlüsselszenen auswählen, mit denen in der Klasse kreativ weitergearbeitet werden kann.
- **Make a movie magazine:** Eine umfangreiche und gut in Gruppenarbeit durchführbare Aktivität besteht in der Erstellung eines *movie magazine*, für das die Schüler Materialien in den Kategorien *best film survey, character posters, dear film friend, design the remake, film memorabilia, film*

Title	Year	Director	Type/Genre	Content
An Inconvenient Truth	2006	Davis Guggenheim	documentary	global warming
Black Gold	2006	Marc Francis and Nick Francis	documentary	farming and global UK trade by the example of coffee
Fahrenheit 9/11	2004	Michael Moore	documentary	aftermath of terrorists attack 9/11
Food, Inc.	2008	Robert Kenner	documentary	Modern agriculture USA and (industrial) food production
Garbage Warrior	2007	Oliver Hodge	documentary	sustainable architecture/building homes from garbage/geopolitical dreams of changing the world
The Day After Tomorrow	2004	Roland Emmerich	feature film	global warming; new ice age
WALL-E	2007	Andrew Stanton	animated feature film	environment; humanity's future; (human?) relationships
4	2007	Tim Slade	documentary	Vivaldi's "Four Seasons" is played by four violinists, coming from Australia, Japan, USA and Finland

Abb. 32: Filme zu Global Education

posters, storyboards, writing film reviews, writing film scripts verfassen und auswählen.

Daneben ist eine Reihe von Filmprojekten möglich, wie das Erstellen einer Homepage zum Filmprojekt, das eigene Filmkritiken und Kommentare enthält. Umfragen oder Interviews zu Filmpräferenzen oder zum Kinoverhalten sowie die Organisation eines Kinonachmittags sind möglich. THALER (2010) nennt die folgenden Verfahren, die allesamt ein schüleraktivierendes Potenzial aufweisen:

- **Watching at home and presenting in class:** Die Verbindung von Präsenzunterricht und häuslichem Filmstudium kann die Autonomie der Lerner fördern und ermöglicht den Schülern die Auswahl eines Films, der zu Hause gesehen, vorbereitet und in ausgewählten Szenen vor der Klasse vorgestellt wird.
- **Electronic exchanges:** Ein E-Mail-Austausch mit einer englischsprachigen Partnerklasse kann zu interkulturell interessanten Diskussionen führen. Werden Filme gewählt, die kulturübergreifend *global issues* betreffen, lassen sich Unterschiede in der Filmrezeption thematisieren (z. B. *An Inconvenient Truth*). Auch Klassiker wie *Dinner for One* – in Deutschland sehr, in Großbritannien wenig bekannt – können mit Blick auf das Kultur- oder Humorverständnis länderübergreifend diskutiert werden (vgl. THALER 2010c, 109).
- **Producing a movie:** Mit webbasierten Tools kann die eigenständige Produktion von Filmen selbst mit jüngeren Lernern ermöglicht werden. Mit Movie makers (www.digitalfilms.com) können Schüler für die digitale Herstellung eines Films folgende Elemente auswählen: background scene, characters, animated actions, dialogue, introduction, ending credits. Hervorhebenswert ist, dass der Herstellungsprozess nicht mehr als fünf Minuten dauert, man anschließend seinen Namen als Produzenten angeben und das fertige Filmprodukt per E-Mail verschicken kann.
- **Making a vlog:** Kleinere Filme können auch im festen Rahmen eines Vlogs (Kombination aus Video und Blog) erstellt werden. Dazu wird von der Lerngruppe oder von einzelnen Schülern eine Website betrieben, die regelmäßig mit neuen Videos oder Vlogs bestückt wird.

Kino als Lernort

Das neue didaktische Interesse an Filmen – nicht nur im Englischunterricht – schließt mittlerweile auch die Entdeckung des **Kinos als außerschulischem Lernort** und damit das Filmerlebnis im authentischen Kontext ein. Mittlerweile sind außerschulische Lernorte längst nicht mehr nur auf klassische Exkursionsfächer beschränkt (vgl. Lütge 2010, Rymarczyk 2010, Thaler 2010c).

Die Rezeptionsbedingungen sind im Kino natürlich ganz anders als vor dem heimischen oder schulischen Bildschirm. Detaillierte *while-viewing activities* sind schwer umsetzbar, da der Kinofilm ohne Unterbrechung läuft. Notizen während des Films können in der Dunkelheit nicht gemacht werden und würden das Kinoerlebnis stören. Da stellt sich die Frage, wie unter diesen Umständen das Kino ein Lernort im Fremdsprachenunterricht sein kann. Das Ziel muss es sein, einen Mittelweg zu gehen zwischen detaillierter Filmanalyse im Schulkontext und – genussvollem – Filmkonsum im Kino. Eine Erkundung fremdsprachlicher Kinowelten, die die kulturelle Praxis des Kinobesuchs reflektiert und der Filmrezeption per TV/Video gegenüberstellt, kann dazu einen Beitrag leisten. Daher sollten nicht nur *viewing activities* mit filmanalytischen Zielen verfolgt werden, sondern auch Kinobesuche als ganzheitliche Erlebnisse zum Teil des Fremdsprachenunterrichts gemacht werden. Nach Lütge (2010) bietet sich die folgende Einteilung an:

1. Allgemein medienvergleichende Reflexionen
2. Globale Verstehens-, Beobachtungs- und Erlebnisaufgaben
3. Rezeptionskontrastive Verfahren

Hier kann jeweils zwischen „pre-cinema tasks" und „post-cinema tasks" differenziert werden, für die unten jeweils einige praxiserprobte Beispiele aus dem Englischunterricht genannt werden.

Allgemein **medienvergleichende Reflexionen** greifen filmunspezifische Aspekte audiovisueller Medien auf und lassen Schüler das Wirkungspotenzial erkunden. Hier wird das Kinoerlebnis selbst reflektiert. Die Schüler sollen dabei ein Bewusstsein für Stimmungen entwickeln, die im Kino erzeugt werden.

Beispiele: medienvergleichende Reflexionen

pre-cinema tasks
1. *What are the basic differences between cinema and TV? Consider the atmosphere (surroundings, darkness, sounds), think of your emotions in different situations when you watch films.*
2. *Prepare a questionnaire about cinema and TV. You might consider aspects like favourite movies and TV series, number of cinema visits per month, number of TV hours per day etc.*

post-cinema tasks
1. *Describe your feelings after the film. What do you remember most vividly? Do you still remember any of the commercials before the start of the film? Did you stay seated until the end of the credits?*
2. *Prepare short interviews (5 questions) for the other visitors. You may want to ask about the atmosphere during the show, whether they enjoyed the film and if so, why etc.*

Globale Verstehens-, Beobachtungs- und Erlebnisaufgaben richten sich nicht auf Einzelaspekte des Films, sondern setzen diesen in den Kontext der Kinovorführung.

pre-cinema tasks
Wenn der Inhalt des Films bekannt ist, einzelne Szenen aber noch nicht vorher gesehen wurden, können die Schülerinnen und Schüler darüber spekulieren, wie viele Schauspieler insgesamt im Film vorkommen, welche Atmosphäre sie bei der Filmvorführung erwarten usw. Die Lerngruppe erarbeitet gemeinsam einen Fragenkatalog, aus dem sich die Schüler gemeinsam Aspekte aussuchen, die sie in den Blick nehmen wollen, und verteilen diese Beobachtungsaufgaben in Eigenregie.

post-cinema tasks
Nach dem Kinobesuch kann mit der Liste weitergearbeitet werden. Hier können die Schülerinnen und Schüler jeweils andere als die eigenen Beobachtungsaufgaben beantworten. Daraus lässt sich ein Quiz machen oder eine von Schülern moderierte Diskussionsrunde. Es ist interessant herauszufinden, wie sich die Erinnerungen der jeweiligen „Experten" für bestimmte Aspekte und die der anderen Zuschauer unterscheiden. Dabei kann herausgearbeitet werden, wie viele Informationen beim einmaligen Sehen nicht bewusst in Erinnerung bleiben, wenn keine Aufmerksamkeitslenkung durch Beobachtungsaufgaben stattfindet.

Rezeptionskontrastive Verfahren
Sie gehen auf die Aspekte ein, die mit der unterschiedlichen Rezeptionssituation im Kino oder auf dem kleinen Bildschirm in Verbindung stehen. Die Erfahrungen mit einem bestimmten Film sind im Kino andere als am Fernseher. Schüler können hier sehr bewusst ihr eigenes Filmerleben reflektieren und kommentieren.

pre-cinema tasks

1. *Comparison: film on DVD/film in the cinema. What do you expect to be different?*
Think of details that you only noticed on the DVD after several repetitions.
2. *Contrasts: (nature/indoor scenes, silent/loud scenarios). Do you expect these contrasts to be as intense or more/less intense in the cinema? Why?*

post-cinema tasks

1. *Visual and auditory impressions: How did the big screen/the darkness influence your perception of the film in the cinema? Was this experience more or less intense/emotional/threatening than on DVD? Why?*
2. *Reactions of the audience: Was your perception of the film influenced by laughter, comments etc. in the cinema? Which scenes of the film "change" most noticeably on the big screen?*

Die Erfahrungen mit dem außerschulischen Lernort Kino können so die Entwicklung von *film literacy* fördern – und das gemeinschaftliche Filmerleben für den Englischunterricht positiv verstärken, denn:

"The experience of watching films – especially in the cinema – is an intense one. We sit in near-darkness, in rows of seats directed towards a screen. We are separated from one another by the lack of illumination and the armrest between the seats, and yet we are part of a shared experience."

(ROWE 1999, 92)

Fazit

"Is it necessary, really, to learn how to read a film? Obviously, anyone of minimal intelligence over the age of four can – more or less – grasp the basic content of a film, record, radio, or television program without any special training. Yet precisely because the media so very closely mimic reality, we apprehend them much more easily than we comprehend them."

(MONACO 2000, 17)

MONACOS pointierte Frage aus dem Vorwort zur zweiten Auflage seines Klassikers „How to read a film" stellt die Quintessenz jeder filmdidaktischen Überlegung dar. Für den Englischunterricht ist die Notwendigkeit des Filmeinsatzes vielfach begründet worden und hat zu einer Integration in die Lehrpläne geführt, ohne dass damit bereits alle Fragen rund um Unterrichtsplanung und Methodik beantwortet wären.

Um mit Filmen Englisch zu unterrichten, müssen vor allem eine Reihe von Gegensätzen ausbalanciert werden, die den Filmeinsatz zwischen Medienkritik und Medieneuphorie, zwischen Filmanalyse und Filmerleben, zwischen vermeintlich passivem Konsum und aktivem Sprachhandeln ganz praktisch erlebbar werden lassen im Klassenzimmer.

Audiovisuelle Medien werden auch in Zukunft eine große Rolle im Englischunterricht spielen. Neue Themen und Stoffe und wiederverfilmte Klassiker bieten ein nahezu unerschöpfliches Reservoir. Technische Neuerungen, die Nutzung des Internets zur Sichtung von Filmclips und die Einbeziehung von filmischen „Nebenprodukten" wie Zusatzmaterialien, Trailern usw. eröffnen eine Bandbreite methodischer Zugänge, die Schüler aktiv und zunehmend selbstständig agieren lassen.

Einen „Blick" für englischsprachige (Film-)Welten zu entwickeln, ein „Ohr" für ihre klangliche Gestaltung und ein „Gespür" für ihre mediale Konstruiertheit: diese Ziele sind es, die auch jenseits von aktuellen Kompetenzformulierungen die Bedeutung von Filmen im Englischunterricht dauerhaft ausmachen werden.

Literatur

ABRAHAM, ULF (2009): Filme im Deutschunterricht. Klett: Stuttgart.

ALTER, GRIT (2010): Off the baa – Fußball einmal anders mit Shaun, das Schaf. In: Praxis Englisch 3 (2010): 8–11.

BAACKE, DIETER (1992): Handlungsorientierte Medienpädagogik. In: SCHILL, WOLFGANG/TU-LODZIECKI, GERHARD/WAGNER, WOLF-RÜDIGER (Hrsg.): Medienpädagogisches Handeln in der Schule. Leske und Budrich: Opladen, 33–58.

BADSTÜBNER-KIZIK, CAMILLA (2007): Hinsehen, Zuhören und Fragen: „Alte" Medien und „vergessene" Kompetenzen? In: BLELL, GABRIELE/KUPETZ, RITA (Hrsg.): Fremdsprachen-lernen zwischen Medienverwahrlosung und Medienkompetenz. Lang Verlag: Frankfurt/M., 131–150.

BAKER, JAMES (2007): Teaching Film at GCSE. BFI Verlag: London.

BARG, WERNER (2006): Filmästhetik, Filmsprache, Filmanalyse: Geschichte, Methoden, Perspektiven. In: BARG, WERNER; NIESYTO, HORST; SCHMOLLING, JAN (Hrsg.): Jugend: Film: Kultur. Grundlagen und Praxishilfen für die Filmbildung. kopaed: München, 13–47.

BARG, WERNER/NIESYTO, HORST/SCHMOLLING, JAN (Hrsg.) (2006): Jugend: Film: Kultur. Grundlagen und Praxishilfen für die Filmbildung. kopaed: München.

BARTENSTEIN, INES (2008): What if …? – storytelling mit der Kamera. In: Praxis Englisch, 2. Jg., Heft 6, 18–21.

BLELL, GABRIELE/LÜTGE, CHRISTIANE (2004): Sehen, Hören, Verstehen und Handeln: Filme im Fremdsprachenunterricht. In: Praxis Fremdsprachenunterricht, 1. Jg., Heft 6, 402–405, 445.

BLELL, GABRIELE/LÜTGE, CHRISTIANE (2008): Filmbildung im Fremd-sprachenunterricht: neue Lernziele, Begründungen und Methoden. In: Fremdsprachen Lehren und Lernen (FLuL), 37. Jg., 124–140.

BLELL, GABRIELE/LÜTGE, CHRISTIANE (2009): Gendered Views & Sounds: Zu Gender-Aspek-ten bei der Arbeit mit Teenage-Filmen im Fremdsprachenunterricht. In: LEITZKE-UNGERER, EVA (Hrsg.): Film im Fremdsprachenunterricht. Literarische Stoffe, interkul-turelle Ziele, mediale Wirkung. ibidem Verlag: Stuttgart, 241–257.

BLELL, GABRIELE/LÜTGE, CHRISTIANE (2012): Musical Visions: Filmmusik im Rahmen von Hör-Sehverstehen im Fremdsprachenunterricht. In: REINFRIED, MARCUS/VOLKMANN, LAU-RENZ (Hrsg.): Medien im neokommunikativen Fremdsprachenunterricht: Einsatzfor-men, Inhalte, Lernerkompetenzen. Peter Lang: Frankfurt.

BOGGS, JOSEPH/PETRIE, DENNIS (2003): The Art of Watching Films. 6. Aufl. McGraw-Hill: New York.

BORDWELL, DAVID/THOMPSON, KRISTIN (2004): Film Art: An Introduction. McGraw-Hill Ver-lag: New York.

Bredella, Lothar (2004): *Bend It Like Beckham*: Überlegungen zu einer rezeptionsästhetischen Filmdidaktik. In: Der Fremdsprachliche Unterricht Englisch, 38. Jg., Heft 68, 28–32.

British Film Institute (2000) (Hrsg.): Moving Images in the Classroom. BFI Verlag: London.

Bundeszentrale für politische Bildung (2003): Materialsammlung zum Kongress „Kino macht Schule". In: www.bpb.de/files/IFMV8W.pdf.

Burger, Günther (1995): Fiktionale Filme im fortgeschrittenen Englischunterricht. In: Die Neueren Sprachen, Jg. 94, Heft 6, 592–608.

Burwitz-Melzer, Eva (2004): Ice Age: ein Zeichentrickfilm in der Sekundarstufe I. In: Der Fremdsprachliche Unterricht Englisch, 38. Jg., Heft 68, 14–19.

Chatman, Seymour (1990): Coming to Terms: The Rhetoric of Narrative in Fiction and Film, Cornell University Press: Ithaca, NY.

Decke-Cornill, Helene/Luca, Renate (2007a) (Hrsg.): Jugendliche im Film – Filme für Jugendliche. Medienpädagogische, bildungs-theoretische und didaktische Perspektiven. kopaed Verlag: München.

Decke-Cornill, Helene/Luca, Renate (2007b): Filmanalyse und/oder Filmerleben? Zum Dualismus von Filmobjekt und Zuschauersubjekt. In: Decke-Cornill, Helene/Luca, Renate (Hrsg.): Jugendliche im Film – Filme für Jugendliche. kopaed Verlag: München, 11–30.

Doelker, Christian (1997): Ein Bild ist mehr als ein Bild: Visuelle Kompetenz in der Multimedia-Gesellschaft. Klett-Cotta: Stuttgart.

Donnerstag, Jürgen (1994): Interkulturelle Rezeptionsprozesse von Bildern amerikanischer Alltagskultur in populären Fernsehserien. In: Gienow, Wilfried/Hellwig, Karlheinz (Hrsg.): Interkulturelle Kommunikation und prozessorientierte Medienpraxis im Fremdsprachenunterricht. Friedrich: Seelze, 117–126.

Eschbach, Stefan (2008): Sprache lernen ohne Worte: Charlie Chaplins *City Lights* bietet ungeahnte Möglichkeiten für den Englischunterricht, In: Praxis Englisch, 2. Jg., Heft 6, 12–16.

Europarat (2001): Gemeinsamer europäischer Referenzrahmen für Sprachen: Lernen, lehren, beurteilen. www.goethe.de/z/50/commeuro.

Faulstich, Werner (2002): Grundkurs Filmanalyse. Fink: München.

Grigoriadou, Zoe (2008): Role-play: a birthday party at the zoo. In: Praxis Englisch, 2. Jg., Heft 6, 8–11.

Grimm, Nancy (2007): Teaching Films. In America, Whale Rider, Bend It Like Beckham. Göttingen: Vandenhoeck & Ruprecht.

Gunzenhäuser, Randi/Hahn, Angela (2009): Sitcoms und Pragmatik. In: Eva Leitzke-Ungerer (Hrsg.): Film im Fremdsprachenunterricht. ibidem Verlag: Stuttgart, 419–434.

GYMNICH, MARION (2004): A commitment phobic, a 12-year-old, and a dead duck: *About a Boy*. In: Der Fremdsprachliche Unterricht Englisch, 38. Jg., Heft 68, 20–26.

GYMNICH, MARION (2009): Romanverfilmungen im Unterricht. In: HALLET, WOLFGANG/NÜNNING, ANSGAR (Hrsg.): Romandidaktik: Theoretische Grundlagen, Methoden, Lektüreanleitungen. WVT: Trier, 219–234.

HALLET, WOLFGANG (2010): Viewing Cultures: Kulturelles Sehen und Bildverstehen im Fremdsprachenunterricht. In: HECKE, CAROLA/SURKAMP, CAROLA (Hrsg.): Bilder im Fremdsprachenunterricht: Neue Ansätze, Kompetenzen und Methoden. Narr Verlag: Tübingen, 26–54.

HASS, FRANK (2006): Fachdidaktik Englisch. Tradition – Innovation – Praxis. Klett Verlag : Stuttgart.

HENSELER, ROSWITHA/MÖLLER, STEFAN (2007): Film Studies: Crash. Cornelsen Verlag: Berlin.

HENSELER, ROSWITHA/MÖLLER, STEFAN/SURKAMP, CAROLA (2011): Die Verbindung von Bild und Ton: Förderung von ‚Hör-Seh-Verstehen‘ als Teil von Filmverstehen im Englischunterricht. In: Der Fremdsprachliche Unterricht Englisch, Jg. 45, Heft 112/113, 2–12.

HICKETHIER, KNUT (2001): Film- und Fernsehanalyse. 3. Aufl. Metzler Verlag: Stuttgart.

HILDEBRAND, JENS (2006): Film: Ratgeber für Lehrer. Aulis Verlag Deubner: Köln.

KLEINER, BETTINA/DECKE-CORNILL, HELENE (2011): „I wanna learn how to be tougher": Der Kurzfilm *Tough Enough*. In: Der Fremdsprachliche Unterricht Englisch, Jg. 45, Heft 112/113, 38–41.

KÖTTER, ENGELBERT/WAGENER, ANDREA (2001): Kursthemen Deutsch, Literaturverfilmung: Adaption oder Kreation? Cornelsen Verlag: Berlin.

KORTE, HELMUT (2001): Einführung in die systematische Filmanalyse: Ein Arbeitsbuch. 2. Aufl. Erich Schmidt: Berlin.

KÜSTER, LUTZ (2003): Die heile Welt der Amélie Poulain: Fremdsprachen- und mediendidaktische Anmerkungen zu einem (sehr) französischen Filmmärchen. In: ABENDROTH-TIMMER, D./VIEBROCK, B./WENDT, M. (Hrsg.): Text, Kontext und Fremdsprachenunterricht. Festschrift für Gerhard Bach. Lang: Frankfurt/M., 203–217.

LIEBELT, WOLF (2002): The Language of Film: Fachausdrücke, Interpretationsfragen und Redemittellisten für die Arbeit mit Filmen im Englischunterricht. Tipps für die Medienkunde.

6. NIEDERSÄCHSISCHES LANDESINSTITUT FÜR SCHULENTWICKLUNG UND BILDUNG (NLI): Hildesheim.

LÜTGE, CHRISTIANE (2007a): And lose the name of action? – Überlegungen zur Schüleraktivierung mit Drama und Film im Shakespeare-Unterricht. In: Scenario, 1. Jg., Heft 1, http://publish.ucc.ie/scenario/2007/01/luetge/07/de.

LÜTGE, CHRISTIANE (2007b): Philosophieren mit Science Fiction? – Der Film *The Matrix* im Englischunterricht der gymnasialen Oberstufe. In: Praxis Fremdsprachenunterricht, 4. Jg., Heft 6, 39–43.

LÜTGE, CHRISTIANE (2008a): Das Auge hört mit – Wahrnehmungsschulung im Umgang mit Filmen im Fremdsprachenunterricht. In: Praxis Englisch, 2. Jg., Heft 6, 45–46.

LÜTGE, CHRISTIANE (2008b): Hamlet goes to Hollywood: vom szenischen Interpretieren zur vergleichenden Filmanalyse im Leistungskurs Englisch. In: AHRENS, RÜDIGER/EISENMANN, MARIA/MERKL, MATTHIAS (Hrsg.). Moderne Dramendidaktik für den Englischunterricht der Sekundarstufe I und II. Winter Verlag: Heidelberg, 353–369.

LÜTGE, CHRISTIANE (2010): Kinowelten erkunden – Fremdsprachliche Begegnungen im audiovisuellen Lernraum. In: GEHRING, WOLFGANG/STINSHOFF, ELISABETH (Hrsg.). Lernorte und Lern-räume für den Fremdsprachenunterricht. Klinkhardt Verlag: Heilbronn, 113–124.

LÜTGE, CHRISTIANE (2012): Culture – Gender – Otherness: Perspektiven für die Literaturverfilmung im Englischunterricht. In: AHRENS, RÜDIGER/EISENMANN, MARIA/HAMMER, JULIA (eds.): Literatur im interkulturellen Kontext. Zukunftsperspektiven für den Englischunterricht. Heidelberg: Winter.

MAURER, BJÖRN (2010): Schulische Filmbildung in der Praxis: Ein Curriculum für die aktive und rezeptive Filmarbeit in der Sekundarstufe I. kopaed Verlag: München.

MÖLLER, STEFAN (2011): New in Class: Ausgrenzung und Mobbing im Kurzfilm New Boy. In: Der Fremdsprachliche Unterricht Englisch, Jg. 45, Heft 112/113, 26–32.

MONACO, JAMES (2000): How to Read a Film: The World of Movies, Media, and Multimedia. OUP: New York/Oxford.

NIESYTO, HORST (2006) (Hrsg.): film kreativ. Aktuelle Beiträge zur Filmbildung. kopaed Verlag: München.

NÜNNING, ANSGAR/SURKAMP, CAROLA (2006): Englische Literatur unterrichten. Grundlagen und Methoden. Klett/Kallmeyer Verlag: Seelze-Velber.

OTT, ALEXANDRA (2000): Romeo für die MTV-Generation? In: Der Fremdsprachliche Unterricht Englisch, 34. Jg., Heft 46, 22–26.

PAULEIT, WINFRIED (2004): Der Kinematograph als Zeigestock. Zum ästhetischen Erziehungsanspruch von Kino und Schule. In: Ästhetik und Kommunikation, Jg. 35, H, 125, 13–20.

POPPE, SANDRA (2007): Visualität in Literatur und Film: Eine medienkomparatistische Untersuchung moderner Erzähltexte und ihrer Verfilmungen. Vandenhoeck Verlag: Göttingen.

PORTEOUS-SCHWIER, GUNHILD/ROSS, INGRID (2007): Film Studies. East is East. Berlin: Cornelsen.

ROSEBROCK, CORNELIA (2004): Rezeptionskompetenz in Bildschirm- und Bücherwelten. In: HÄRLE, GERHARD/RANK, BERNHARD (Hrsg.): Wege zum Lesen und zur Literatur. Schneider Verlag: Baltmannsweiler, 105–120.

ROWE, ALLAN (1999): Film Form and Narrative. In: NELMES, JILL (Hrsg.): An Introduction to Film Studies. Routledge: London.

Rymarczyk, Jutta (2010): „Gemütlich und dennoch lehrreich" – Kino als Ort außerschulischen Englischunterrichts zu Little Miss Sunshine. In: Gehring, Wolfgang/Stinshoff, Elisabeth (Hrsg.): Außerschulische Lernorte des Fremdsprachenunterrichts. Klinkhardt Verlag: Bad Heilbronn, 125–139.

Schneider, Werner (2000): *Schindler's List*: Ein filmanalytisches Projekt. Handreichungen für den Unterricht mit Kopiervorlagen. Cornelsen Verlag: Berlin.

Schröter, Erhard (2009): Filme im Unterricht: Auswählen, analysieren, diskutieren. Beltz Verlag: Weinheim.

Schwerdtfeger, Inge C. (1989): Sehen und Verstehen – Arbeit mit Filmen im Unterricht Deutsch als Fremdsprache. Langenscheidt: Berlin, München.

Seidl, Monika (2007): Visual Culture. In: Der Fremdsprachliche Unterricht Englisch, Heft 87, 2–7.

Sherman, Jane (2003): Using Authentic Video in the Language Classroom. Cambridge Handbooks for Language Teachers. Cambridge UP: Cambridge.

Stempleski, Susan/Tomalin, Barry (2001): Film (Resource Books for Teachers). Oxford UP: Oxford.

Strohn, Meike/Rauschelbach, Lisa (2010): Slumdog Millionaire. EinFach Englisch Unterrichtsmodell. Schöningh: Paderborn.

Surkamp, Carola (2004a): Spielfilme im Fremdsprachlichen Literaturunterricht: Beitrag zu einer kulturwissenschaftlichen Filmdidaktik. In: Bredella, Lothar et al. (Hrsg.): Literaturdidaktik im Dialog. Narr Verlag: Tübingen, 239–267.

Surkamp, Carola (2004b): Teaching films: Von der Filmanalyse zu handlungs- und prozessorientierten Formen der filmischen Arbeit. In: Der Fremdsprachliche Unterricht Englisch, 38. Jg., Heft 68, 2–11.

Surkamp, Carola (2009): Literaturverfilmungen im Unterricht: die Perspektive der Fremdsprachendidaktik. In: Leitzke-Ungerer, Eva (Hrsg.): Film im Fremdsprachenunterricht. ibidem Verlag: Stuttgart, 61–80.

Surkamp, Carola (2010a): Filmdidaktik. In: Surkamp, Carola (Hrsg.): Metzler Lexikon Fremdsprachendidaktik: Ansätze – Methoden – Grundbegriffe. Metzler Verlag: Stuttgart/Weimar, 60–64.

Surkamp, Carola (2010b): Filmkompetenz. In: Surkamp, Carola (Hrsg.): Metzler Lexikon Fremdsprachendidaktik: Ansätze – Methoden – Grundbegriffe. Metzler Verlag: Stuttgart/Weimar, 64–65.

Surkamp, Carola (2010c): Filmmusik – Musik im Film: die Rolle der auditiven Dimension für den fremdsprachlichen Filmunterricht. In: Blell, Gabriele/Kupetz, Rita (Hrsg.): Der Einsatz von Musik und die Entwicklung von *audio literacy* im Fremdsprachenunterricht. Lang Verlag: Frankfurt am Main, 275–289.

Teasley, Alan B./Wilder, Ann (1997): Reel Conversations: Reading Films with Young Adults. Heinemann Verlag: Portsmouth, NH.

Tepe, Thomas (2004) (Hrsg.): Filmanalyse. Vorschläge für Klausuren und Klassenarbeiten. Klett Verlag: Stuttgart.

Thaler, Engelbert (2007a): Film-based language learning. In: Praxis Fremdsprachenunterricht, 4. Jg., Heft 1, 9–14.

Thaler, Engelbert (2007b): Schulung des Hör-Seh-Verstehens. In: Praxis Fremdsprachenunterricht, 4. Jg., Heft 4, 12–17.

Thaler, Engelbert (2010a): Filmdidaktik. In: Hallet, Wolfgang/Königs, Frank G. (Hrsg.): Handbuch Fremdsprachendidaktik. Klett/Kallmeyer Verlag: Seelze-Velber, 142–146.

Thaler, Engelbert (2010b): Lernerfolg durch Balanced Teaching. Offene Lernarrangements: aufgabenorientiert, spielorientiert, medienorientiert. Cornelsen Scriptor Verlag: Berlin.

Thaler, Engelbert (2010c): Film-based Language Learning – im und außerhalb des Klassenzimmers. In: Gehring, Wolfgang/Stinshoff, Elisabeth (Hrsg.): Außerschulische Lernorte des Fremdsprachenunterrichts. Klinkhardt Verlag: Bad Heilbronn, 105–112.

Volk, Stefan (2004): Filmanalyse im Unterricht. Zur Theorie und Praxis von Literaturverfilmungen. Schöningh Verlag: Paderborn.

Walberg, Hanne (2007): Filmbildung an den Grenzen des Verstehens. Bildungstheoretische Überlegungen am Beispiel Jugend im Film. In: Decke-Cornill, Helene/Luca, Renate (Hrsg.): Jugendliche im Film – Filme für Jugendliche. Medienpädagogische, bildungstheoretische und didaktische Perspektiven. München: kopaed, 31–43.

Weisshaar, Harald (2011): Tiny Timmy Suddenly Big: Wie das Zusammenspiel von Bild und Ton in Shaun the Sheep Spannung erzeugt. In: Der Fremdsprachliche Unterricht Englisch, Jg. 45, Heft 112/113, 18–25.

Weissling, Harald/Yareham, Bob (2001): Video-Ideen für den Englischunterricht: Praktische Anregungen zum Einsatz authentischer Video-Materialien für die Klassen 5 bis 13. Cornelsen Verlag: Berlin.

Wharton, David/Grant, Jeremy (2005): Teaching Analysis of Film Language. BFI Verlag: London.

Zerweck, Bruno (2004): Filmanalyse und Cultural Studies: US-amerikanische Kulturthemen in The Big Lebowski und amerikanischen Vietnamfilmen. In: Der Fremdsprachliche Unterricht Englisch, 38. Jg., Heft 68, 40–48.

Register